珍惜与他人

与其他生命之间的种种缘起

因为生命这出戏

没有重来一次的机会

《格萨尔》史诗人物

丹哲耶吾布美

希阿荣博堪布◎著

生命这出戏

重新提炼生命价值的窍诀

華文出版社
SINO-CULTURE PRESS

图书在版编目（CIP）数据

生命这出戏 / 希阿荣博堪布著．—2 版（增订本）．-- 北京：

华文出版社，2013.8（2024.12 重印）

ISBN 978-7-5075-4051-2

Ⅰ．①生…　Ⅱ．①希…　Ⅲ．①佛教－人生哲学－通俗

读物　Ⅳ．① B948-49

中国版本图书馆 CIP 数据核字 (2013) 第 173882 号

生命这出戏

作　　者：希阿荣博堪布
责任编辑：吴文娟
出版发行：华文出版社
社　　址：北京市西城区广外大街 305 号 8 区 2 号楼
邮政编码：100055
电　　话：总编室 010-58336239　责任编辑 010-58336258
　　　　　发行部 010-58336270
经　　销：新华书店
印　　刷：雅迪云印（天津）科技有限公司
开　　本：880mm × 1230mm　1/32
印　　张：7.75
字　　数：143 千
版　　次：2013 年 8 月第 2 版
印　　次：2024 年 12 月第 3 次印刷
标准书号：ISBN 978-7-5075-4051-2
定　　价：39.80 元

序言

一个人的时候，我喜欢让自己长时间地安住。

过去和现在，无数的修行者，即使在获得证悟成就之后，仍然在寂静处终其一生精进修习，以巩固和增上修证境界。二十几岁时，我最大的愿望是去青朴神山长期闭关。我虽然没有什么成就，但还是心心向往着这一生能追随大成就者们的榜样。然而我的恩师法王如意宝却对我说，孩子，你应该去外面弘扬佛法，让更多众生有机会接触、学习佛陀的珍贵法教，解脱痛苦烦恼，获得暂时和究竟的安乐。佛陀说，每一个众生在往昔都曾做过我们的母亲，应该像对待现在的母亲一样对待众生，包括这一世看似与我们没有关系，甚至与我们为仇为敌的众生，考虑他们的感受和福祉。

带着上师的嘱托，我开始弘法的生涯。对上师的信心支持我走过最困顿疲惫的时光。我不断忆念、体会早年有幸长期在上师身边学习时获得的宝贵教导。修行上的任何一点进步，智慧和悲心的任何一分增长，弘法利生过程中的任何进展，都让我深深感受到上师的慈悲加持。想到上师法王如意宝，我总止不住地流泪，因为我的心里充满了感激。

法王如意宝是公认藏传佛教最伟大的上师、学者和大成就者之一，是世界上最大的佛学院喇荣五明佛学院的创立者。他倾尽全力培养僧才，接续传承，整理经续论典，使显密教法得以在雪域以及全世界再弘。法王如意宝对末法时期众生的恩德，说不能尽。

若没有法王如意宝和其他传承上师的慈悲护佑和教导，我不会有机会修习佛法，更不可能与大家分享自己学佛的微薄体会。

谨以此书献给他老人家——我的大恩根本上师法王如意宝。

书中对佛法的阐释难免有错误、不当之处，在此向诸佛菩萨至诚忏悔！

文章撰写过程中，众多道友帮助我查找、核实资料，整理文字，我由衷感谢他们无私的帮助和热情的鼓励！

愿众生离怖畏颠倒，住自在喜乐！

希阿荣博

于藏历水蛇年神变月

目录

第二章　生命的平等

第三章　生命的依怙

第四章　同生极乐国

第五章　生命可以改写

第六章　微言博义

第一章

生命这出戏

因缘无法重现

我们的人生因而要过得有意义

顶礼本师释迦牟尼佛！

顶礼文殊师利菩萨摩诃萨！

顶礼大恩根本上师法王如意宝！

◊ 1 同样的因缘无法重现

时间飞逝。

我们是一群搭载时间之车的乘客，疾驶在生命的单行线上。无法减速，不能回头。

悲喜，聚散，成败，像路边的花草，一闪而过。

一切的经历和感受，都径自往身后狂奔而去；我们却是径自前行。很奇妙，人们以为自己是与生活同行，而原来只是擦肩而过。

生活是一场没有彩排的现场直播。演成什么样都是自己担当。演好了，皆大欢喜。演坏了，也不可以叫停，不可以重来，换个场景，换副扮相，甚至换一个角色，换一个剧组，接着前面的线索，还得往下演。

可这是怎样的一个舞台呢，不同的剧组，不同的故事，同台献艺，全是直播。彼此影响，相互客串，又各行其是，各自连续，以至无穷。

演员们说话、做事、演绎与其他人物的关系，都需很小心，要演好自己的戏，又不妨碍他人演戏。

佛教的修行者随时保持觉察，看护自己的身心活动，反省自己言行背后的动机，珍惜与他人、与其他生命之间的种种缘起，是因为我们知道，生命这出戏，没有重来一次的机会。

短暂而无法重来，我们的人生因而要过得有意义。

◇2 一颗受过训练的心，才更容易感受到安乐

这世界上，形形色色的人各种各样的行为背后的动力是什

么？为利？为名？为感情？为物质？为精神？

仔细看看这些动机的背后，还有一个根本的共同的动机，那就是为了安乐。

安乐还有许多名字，代表它不同的侧面和程度，比如，快乐、幸福、享受、乐趣、舒适、喜悦、宁静、满足、安全……

安乐主要是内心的感受，它在心里，不在身外，所以内心如果不快乐、不满足，外境再美妙再丰富，也很难感到愉悦、富足；而一颗宁静柔和的心，在贫乏艰难的环境中，也能生出喜悦、自在。

倒不是说物资越贫乏，内心就必定越安乐，物质生活丰富就必定让人痛苦。这其实还是认为安乐与否完全由外在的物质决定，只不过与常人的思维相反，认为物资越少越快乐。

多数人却是走入另一个极端，认为安乐就在于物质的积累、财富的增加，占有、享用的资源越多，就必定越幸福快乐。现代社会有些人毫无顾忌地竞争、攫取物质以及各种资源，忙于追逐名利，他们认为这些东西本身带有快乐的属性，能自然给人带来安全感、幸福感。有些人过分投入地竞争、追逐，以至于忘记了自己的初衷是追求幸福安乐，慢慢地，把手段当成了目的，相信自己活着就是为了与人竞争、囤积名利。如果有一天，没有比较，也无须抢夺了，便觉得生活没有意义。

我们所处的这个时代，一个人的价值往往取决于他创造物质财富的能力。然而,人之为人的价值和意义,远比创造财富宽广、深刻。人活着，除了积累和占有外，还有很多事值得去做。

那么，安乐与物质无关吗？不是的，至少对一般人而言，完全摒弃物质而讲安乐，是不可能的。月称菩萨在《入中论》里讲到，大乘佛教六度波罗蜜首先是布施，其中包括财物布施，原因就是物质基础对安乐来说是重要的，布施无疑能给对方带来安适快乐，同时布施也让自己感到快乐满足，并给自己积累福报。

物质的确能解决不少问题，只是生活中还有许许多多的问题，仅靠物质手段是难以解决的。

人，除了物质生活外，还需要有精神生活，去抒发情绪、陶冶性情，通过精神的修养和升华，获得内心持久的喜悦宁静。

在基本的衣食住行得到保障之后，我们仅再需要一颗受过训练的心，就能得到安乐。

◊3 苦，源自烦恼和业

既然大家都目标明确，为了安乐，何以还是有很多人成心要受苦一样，眼睁睁直奔一个个痛苦而去呢？

佛陀初转法轮主要讲的就是这个问题。因为人们误把痛苦当成快乐，跟在痛苦后面追，还以为是在追快乐。其次，人们不知道怎样才能真正远离痛苦忧恼，获得安乐，现用的那一套方法适得其反，用制造痛苦的办法去追求快乐，当然不会有结果。

佛教所讲的“苦”不仅包括剧烈粗大、毋庸置疑的痛苦、灾难、伤害，还泛指一切的忧恼、缺憾、局限。如此，人生所有的经历似乎都包含在苦的范畴之内了。自有生命便有忧患。老病别离、冤家相见、所求不得之苦自不待言，即便是快乐，也没有不最终变成忧恼、惋惜或惆怅的。

轮回中任何的生命形态都不离苦的本质。快乐不是没有，却短暂而趋于表面，就像在一碗汤药里加入一小片包着糖衣的药丸，那微不足道的甜味根本冲淡不了整碗药的苦涩。

我们经历的苦源自烦恼和业。

这里所说的烦恼主要是指贪婪、嗔恨、嫉妒等会给自他身心带来伤害的情绪。

业是指过去的行为。从长远来说会带来快乐的行为，称为善业；长远来看会带来痛苦的行为，称为恶业。行为的后果不仅要看眼前,更重要是看长远的影响。比如贪婪会让人暂时感到满足，但长期来看，贪婪带来的是永无止境的不满足感和不安全感，内心难得安宁。再比如，修行过程中我们毫无疑问是要吃苦、受委屈的，但这长远来说有助于解脱轮回的痛苦。

想象一下，每天从早到晚，我们会有多少念头，多少身体的行为。由此类推，我们一生以及过往的生生世世，又会有多少身心的行为。这些行为，每一个，真真切切是每一个，都会产生相应的后果。后果又成为因，因再结果。因因果果交织在一起，呈现出不同的生命形态，不同的生活际遇。

业（即行为）的力量有强有弱。强大的业决定一期生命的主要特征，比如投生在轮回六道中的哪一道，寿命长短等。力量不是那么强大的业，则绘制出生命的各种细节，比如美丑、才艺、贫富、健康、疾病等。

通常来说，具足四项条件的业力量会比较强大，也就是说一个行为有明确的意图、明确的对象、采取了实质的行动并实现预期的结果。以杀生为例，如果有杀生的意图，有明确的杀害对象，采取了杀的行动并确实杀死了对方，那么这就是一个完整的杀业，需要完整感受杀生的果报。

即使四项条件具足，意图、对象的差异，也会极大地影响业的力量。意图、对象，在佛教中称为发心和对境。同样的行为，发心不同或对境不同，其果报会很不相同。

佛经中讲过这样一个故事：阿难尊者向佛陀供养了一碗粥，佛陀随即拨了半碗粥给过来乞食的狗吃。过后，佛陀问阿难："是你供养佛的功德大，还是我布施狗的功德大？"阿难尊者说："是您布施狗的功德大。"佛说："如是如是。"

从对境的角度说，佛陀是无上殊胜的对境，供养佛陀的功德远胜布施狗的功德，其差距之大不可思议。而从发心的角度看，阿难尊者供养佛陀，发心自然是纯正殊胜的，但与佛陀的清净发心相比，又有不可思议的差距，所以供养佛陀的功德才会不及布施狗。

由此可知，凡做事，发心是何等关键。

根据力量的不同，业的果报会在今生、来世或者更晚的时间应现。果报的显现需要因缘具足。业，每一个行为，会在阿赖耶识里留下印记，不会自行消退，直到所有引生果报的条件齐备，也就是因缘具足了，果报完全显现，业因才会消失。就像一粒种子留在土里，冬天没有动静，春天来了它才破土发芽，在阳光雨露中耐心地成长，长出枝叶，开出花朵，等到结果的时候，结果。有春天结果的，有秋天结果的，不一样。

业又分为共业和个业。共业指一群众生共同的业因果，个业指个体生命各自的业因果。一个时代，一个社会，一群人，往往有着共同的命运，虽然个人具体的生命轨迹会有不同，但很难逃脱大的趋势和框架。每个人都是这个时代、这个社会的负荷者。这份负重感，这股无形的牵引力、推动力、压力，就是共业的表现。时代会变，社会在变，因为业处于动态变化中。

迁徙的鸟，洄游的鱼，高峰时段的城市，都能让人直观地见到业的力量。

个体汇入群体的洪流，不知所以，不由自主，又那样执著，不知疲倦，耗尽生命也在所不惜地向前向前，为到达某个地方，然后，离开那里，原路返回，然后再去，再回，不尽往复。

我们的生命最大的特点，就是它的局限性。每个人都自以为独立，有想法，自由自主，实际上我们的每个念头、一言一行，都被无数条件、无数因素限制、影响、塑造着。无一不是条件的产物。

轮回中的生命，没有真正的自由可言。

◇4 世间万物万象，皆相依相待而存在

前文中讲到自有生命便有苦，这个生命指的是处于条件局限中的生命，以忧患为本质，与苦不分离。然而要知道，心的本然状态是超越痛苦的，只因为我们错误的见地、错误的行为让生命显现出种种局限性，才感受到忧苦缺憾。

我们被善业牵引走向暂时和究竟的安乐，恶业则将我们引向痛苦，一再的痛苦。恶业即身口意的错误行为，它们源于对人和事物的错误认识。错误的认识可以纠正过来，因而错误的行为是有可能改变和停止的。既然改变了错误的行为，痛苦就有可能结束，不仅是单个的痛苦，还包括轮回中所有粗大、微细、各式各样的苦。轮回的苦消失了，限制不再，这种状态称为解脱、寂灭或涅槃。

痛苦由恶业而来，恶业由烦恼来。

什么是烦恼？人常说“烦恼众生”，可见轮回众生起心动念、言谈举止无不是烦恼。烦恼中有十个叫作根本烦恼，即贪、嗔、

痴、慢、疑、身见、边见、邪见、见取见和戒禁取见。

贪、嗔、痴、慢的意思，大家应该基本了解，这里不多解释。

疑指对佛陀开示的真理心存猜疑。

身见指执著这个身体为“我”。

边见指断见和常见。断见是认为“我”死后归于断灭，人死如灯灭，什么也没有了。常见是认为有一个恒常不变的“我”，有一个不变的灵魂或主宰。

邪见指拨无因果。

见取见指坚持认为身见、边见、邪见这几种“见”是绝对正确，不容怀疑的。

戒禁取见指外道认为违反事物的客观规律，不当做的偏去做，凡事都反着来，这样才能获得解脱。比如，认为杀生、自杀、不停地洗澡、极端的苦行等可以证得涅槃解脱。

无量无边的烦恼由无明而来。

无明指对人和事物错误的认识。就人而言，认为有一个独立、固有存在的“我”，继而对这个“我”生起执著，然后对“我的”生起执著。就事物而言，认为有独立、绝对、不依认识而客观存在的事物。

这样的见地之所以错误，是因为它与人和事物的真实状态相反。无明不是单纯的无知、不知道，无明是指错误的认知。

比如一个苹果，它若在你看不到的地方，你对它的存在是无知的；它若就在你眼前，你看见了，却以为是一个橘子，则是错误的认知。

我们对世界的认识正是这样。并没有一个真实的世界在别处，真实就在眼前，只是我们的认识出了问题。“佛法在世间，不离世间觉”，我们的见闻觉知造成假象，当体转过来，就是实相。离此另向他处求实相，犹如离波求水。

“认识”不仅是智力层面的理解、懂得道理而已，还要把这道理拿到身心上实实在在去验证，真正见到，才算数。

“你见与不见，我都在那里。”见到了，才知道一直在那里，从未离开；没见到，自是咫尺天涯，相逢不相识。

佛教中讲“无我”，这个“我”是指独立、固有、恒常的存在，可以是人，也可以是物、事件、现象。“无我”是说人、物等等没有独立、固有、恒常的存在，因为任何现象都是缘起的，随条件的聚合、变化而生成、变化、坏失。

我们都有一个根深蒂固的“我”的观念。什么是我？你会说这个身体是我。身体由地、火、水、风这“四大”组成。地指肌肉、骨骼、器官、毛发等；火指热量；水指水分、血液、体液等；风指呼吸、气脉等。这其中包括有形的，也包括无形的。单个来看，我们很难说肌肉、骨骼、器官或热量、体液、呼吸是“我”。当切除器官、截肢，或者吐唾沫、理发、呼吸时，我们不会认为自己被切除了，或者被吐到了地上，被呼出去又吸进来。没人会这么想。当然，思想、意识也不是“我”，因为思想意识只是一个个念头，前念已灭，后念未生，我在哪里？

可见，“我”不存在于各别的四大和念头中，也不存在于四大和念头之外，而是指身心的组合体。既然是组合体，就是相对、依赖其组成部分而存在，没有独立、固有的自体。因为由不同部分组成，各部分又都是变化运动的，所以整体形成的同时自然处于解构的状态，不具恒常性。

四大和合而成的这个“我”只是一个概念，并没有任何独立自在之物可指认为“我”。然而，人们的常识与之相反，坚信有实存的“我”，并由此生出对“我的”的执著，认为这是我的手，我的头发，我的财产等，想方设法地呵护保全。

事物也是一样，没有独立、固有的自体。比如一个苹果，它当体可析分为果皮、果肉、果核，这些又可各个析分，无限析分下去，苹果消失了，果肉果核消失了，微粒微尘也消失了。把世界放到显微镜下，随着显微倍数的增加，整体纷纷消失，宏观化成微观，微观到最后，了不可得。

这个苹果不是生来就这样摆在我们面前的。它最初是一粒种子，种在土里，遇到适当的条件，土壤、温度、阳光、雨水等都具足了，在适当的时机，它发芽，慢慢长成小树，开花结果，然后由工人摘下来，由司机运到城市，由商贩卖，我们买回来，洗干净，放到桌上，才有了面前这个苹果。而最初的那粒种子也是由另一个苹果那里来，那个苹果也经历了一番奇妙的由种子到果实的旅行。如此不断往前推，即使是一个小小的苹果，来历也可无穷追溯,或远或近地与整个宇宙相关。缺失其中任何一个条件，都不会有此刻面前这个苹果。

世间万物万象，皆相依相待而存在。任何一法，都或远或近地以一切法为缘而生住；一切法，也或远或近地以任何一法为其生住之缘。

佛经云：“此有故彼有，此无故彼无，此生故彼生，此灭故彼灭。”诸法互为缘起，这是佛教一个最基本的原理。

···◇ 5 缘起，在更深刻的层面上是指万法以妄心而起现

我们不仅误解了事物存在的方式，认为它们是独立、固有存在着，而且还一厢情愿地赋予它们种种特征和定义。

我们说天空是蓝色的，实际并非如此。科学研究发现，太阳光由红橙黄绿青蓝紫七种颜色组成，它们的波长各不相同。波长最短的蓝紫光最容易被空气中的微粒散射，天空中便布满了被散射的蓝紫光，而人眼对紫光不如对蓝光敏感，因此我们看到的天空是蓝色的，但这只是我们觉知的天空，并非天空的原貌。再说天空仅是个概念，找不到一个实在的“天空”，它是虚空经光线、微尘、人的感官、意识等共同作用，得出的一个印象。

同样的水，如果盛在杯子里，我们认为它可饮用；如果是在澡盆里，就认为它是用来洗澡洗衣服的，不会想到要去喝它；如果是在马桶里，哪怕是一只很干净的马桶，你也不会想用那水来解渴或洗澡。在这里，水的用途和属性完全是我们的心理和感受的投射。

两个人在一旁窃窃私语。

你怀疑他们在说你的坏话，这两个人不仅立刻成为你的敌

人，而且你认为他们从来就人格低下、肥胖臃肿、丑陋不堪。

两分钟后你经过他们身旁，发现他们谈的完全是与你不相关的另一件事，几乎就在瞬间，他们变得不那么难看了，人格也急剧提升。

后来他们走过来，与你亲切交谈，对你的学识和才华由衷赞叹。可以肯定的是，他们现在变成了两个可爱的人，诚实，谦虚，有品味，而且长得富态大方，透着喜气。

再来说说关于杯子的定义。如果说能用来盛水的容器是杯子，那么澡盆和马桶也能盛水，为何不算杯子？要说小点的才算杯子，碗小也能盛水，但那不是杯子呀。要说杯子是玻璃的，鱼缸也是玻璃的，可那也不是杯子。杯子也有瓷的、不锈钢的、塑料的，有大有小。杯子可以盛水，也可以盛牛奶和沙子，还可以用来打人。但是，能装牛奶、沙子，能当武器打人的都是杯子吗？当然不是。

以此为例，对其他事物也都可以这样试着去寻找其决定性的特征，我们会发现，事实上根本无法绝对地界定事物。

《楞严经》《俱舍论》等诸多经论，对认识都有详尽、深刻的阐述。其内容极其深奥，非轻易能理解、领悟。我想借用大家比较熟悉的现代心理学的一些原理、词汇，作一个最初级、最简单的引述。如果有兴趣的话，可以参阅相关佛教经论中对认识真正全面、精确的阐述。

人的认识过程首先是感觉，对事物的个别接触，然后是知觉，根据感觉所了知的个别情况，得出一个整体印象。在知觉的基础上，再进行深一步的认识，不仅得到事物的表象，而且了解到事物的规律，从而掌握事物的作用。

眼耳鼻舌身这些感官与神经相连。外境刺激由传入神经传到中枢神经，中枢神经对传递来的信息进行加工，之后由传出神经传递出应作的反应，又立即传入，再加工又传出，如此循环往复，反馈更新。

传入中枢神经的信息经过加工，外境不是被原样不变地反映出来。我们所看到、所听到的，都是经过中枢神经加工后的东西，不完全是外界境象的原状。

认识的过程也是眼耳鼻舌身与意识持续互动的过程。思维需要借助概念，根据概念组织判断和推理活动。概念、判断、推理是思维的三种形式。

概念的成立是经过取舍的。也就是说，经过中枢神经加工后的东西，还要经过二次加工，经过抽象加以概括，把不需要的部分舍去，需要的部分集中起来。比如“灯”这个概念。有各式各样的灯，五花八门。若根据不同点，则无法概括，成立不了灯的概念。只有把不共同的舍掉，取共性，才能成立概念。

概念是我们思想的符号,并非事物本身。问题是,天长日久，我们逐渐忘记了它是符号，以为概念就是事物本身甚至是全部。

认识，即眼耳鼻舌身意的作用，是对世界进行加工，那么在人的认识之外，是否有一个独立的、客观存在的世界呢?

现代社会的人都知道分子、原子，知道看似坚实的物体实际是一堆分子、原子、乃至更微小的各种粒子在那儿运动，我们却能把一堆堆相互独立、彼此间有缝隙、间隔的微粒，看成铁板一块、坚实存在的物体。

如果物理世界是由基本粒子构成的，那么同样的基本粒子为什么会构成五花八门、形态不同的物质？原子的不同特性从何而来?

“色”包括有形的物质和无形的波、场等，色分析到最后是虚空。正如我们能把一堆零散的微粒看成坚实的物体，在同样的分别念的作用下，我们也能从无中妄见各式各样的显现。就像眼睛疲劳时，能无由地在虚空中看见花纹。

这空花不是独立存在的，它依妄心而显现。所谓缘起，在更深刻的层面上，是指万法以妄心而起现。

妄心生起必然同时有见分和相分。见分指了别、能认识，相分指相状、所认识。相分包括：

一、人们通常认为的客观存在的世界，这个“客观世界”实际是无始以来反复薰习而成的坚固妄想。有共业的众生会有共同的妄想。

二、在此坚固妄想之上，由个业造就的眼耳鼻舌身意对之进行加工，得出个业的境象。

由此可知，一方面并没有离开“能认识”而独立客观存在的“所认识”，另一方面，也没有离开“所认识”而单独存在的“能认识”。能与所是一体的，互为缘起，并不像人们以为的那样是截然分开的两回事。

6　空性见与持戒

《中论》颂云：“因缘所生法，我说即是空，亦为是假名，亦即中道义。”

事物依因缘而生住，其概念、定义、各种特性，只是我们的虚妄分别，因此不必等到事物消亡了，才说明它原本是空的，事物成住的时候就是空。

佛说“空”,并不是说一切断灭,并不否定世间万象多姿多彩。譬如水中月影，我们的确能看见月亮，而水中的确没有月亮。水月的显现和水月的空互不排斥。

万花筒里的图案若实实在在、一开始就在那儿，则只能有一幅图案，不会有层出不穷的新花样。同理，一切事物若固有、恒常，那么任何变化都不可能发生，一切就是僵死的。正因为事物不是那样，才有了大千世界千姿百态。

空性是事物的根本性质，事物是空性的表达。

没有不是空性的事物，也没有离开事物而独立存在的空性，正如没有离开水而独立存在的“湿”，没有离开糖而独立存在的“甜”。

进一步说，不仅事物的究竟本质是空，事物显现的当体即是空，如梦中的山水人物。

感受、思想、意识也是这样，本质为空，没有独立恒常的自体，随因缘而有千变万化的显现，虽有显现，当体即空。

空性的见解有力地帮助我们削弱实执，从而减少烦恼，同时也让我们对因果律有了更深的了解。可以说,对空性的了解越深，对因果的信心就越大，取舍因果就越谨慎。《大般若经》云：“若了知一切法如空性，乃畏业及业相成熟之见，方是正法也。”

没有既定不变的命运，没有恒常存在的状态，当下身心活动的每一个取舍，都是因是缘，都参与塑造着自与他、现在未来、今生来世。没有理由不如临深渊，如履薄冰。

我们的概念、判断、推理乃至感觉、知觉都在很大程度上受到情绪和成见的影响，像贪婪、嗔恨、傲慢这样的负面情绪，不仅伤害身心，而且使我们的认识远远地偏离事物的真相。

止息了烦恼，才能清除认识上的粗大障碍，所以仅仅靠阅读或听闻，很难真正了解、体验空性，一定要有实际的修行，切实对治烦恼，见地才能日益清晰稳固。

佛在《圆觉经》中说：“末世众生希望成道，无令求悟，唯益多闻增长我见。但当精进降伏烦恼，起大勇猛，未得令得，未断令断。贪嗔爱慢，谄曲嫉妒，对境不生。彼我恩爱，一切寂灭。”

现在很多人学佛，只想“开悟”，不想断烦恼；或者未证谓证，一身烦恼，而做出高深自在的样子，好像没有烦恼。

佛陀早就提出了告诫，末法时期的人，福报智慧浅薄，不要一味追求所谓的“开悟”，那样只是增加了知识和傲慢，对自我的执著反倒更强烈了。应该精进地降伏贪嗔痴慢等烦恼，相续调柔了，修行才能有所进益，才能树立坚定的正确的见地。

善知识指点提携，也只是帮助廓清我们错误的知见，修行还是要靠自己亲历亲为，烦恼还是要靠自己去降伏。自心烦恼不伏，妄念颠倒，“善知识虽有教授，救不可得”。

开发智慧，首先需要定，一步一步清除掉内心的干扰、杂念。没有定作为基础，一颗心恒时处于散乱攀缘当中，即便生起一点点智慧，也是力量极其微弱，犹如风中之烛，无法驱除愚痴黑暗。

定分为止和观。止，偏向于不起分别，专注一境；观，是通过逻辑思维和形象思维，以分别止分别。止观相辅相成，不可偏废。如果单修止，不修观，容易堕入无想定，空心静坐，一坐千年也还是在痴心里打转。

得定需要心理条件和生理条件，身心都要宁静、专注、敏锐，不紧不松，恰到好处。做到这样是需要持戒的。持戒，即通过持续、清醒的觉察规范自己的言行。如果连身体也管不住，如何去调伏比身体更难以捉摸的心呢？管不住心的话，定就无从谈起。所以，定的基础是戒。

戒并非像有些人认为的是佛陀根据自己的好恶，硬性制定的律法，没多少理由地规定必须这样，不准那样。佛教戒律完全不是如此。当年佛陀通过智慧和神通看到有些行为会造成恶性后果，使人远离安乐并障碍解脱。出于悲心，佛陀为大家开示了行为取舍的道理。这就是戒律的由来。制定戒律是为了帮助众生断除烦恼，灭诸过失。

受戒是自愿宣誓，表示自己决心要做什么、不做什么，没有人强迫和命令你必须这样那样。一旦你自己发下了誓言，就该恪守之。没做到的话要忏悔，并不是因为不忏悔你就会触犯某个主宰者的权威而受其惩罚，而是因为不当行为会带来恶性后果，伤害到你自己，所以要通过忏悔，通过心的改变去改变缘起，并最终改变结果。

众生持守戒律的能力有强有弱，佛陀因而制定了不同的戒律，使众生得以根据自己的具体情况和能力，有选择地受持，可以受一条、受多条，也可以受一天、受一生。

戒、定、慧在佛教中称为三无漏学，由戒生定，由定生慧，依此而断烦恼，出生死。理论上说，戒、定、慧有个先后顺序，这是便于解释其内在关系，而实践中并没有截然分开的三个阶段，先戒，再定，再慧。

在较深刻的层面上，戒定慧一体无二。清净持戒，便是定，便是慧。定，便在戒中，在慧中。无漏智慧显发出来，便无时无地不在戒、定。

认为随心所欲，根本不需要约束自己，不用放弃任何享受和俗世的追求，就能领受佛陀教法的真谛，这是对佛法修行莫大的误解。然而这种误解现在很流行。

初学者尤其应该牢记，持戒是一切修行的根本。《华严经》云：“戒为无上菩提本，应当具足持净戒。”

7 修行，是改变态度和行为

大乘佛子须守持菩萨戒，菩萨戒总分为三类：

一、摄律仪戒，即诸恶莫作；

二、摄善法戒，即众善奉行；

三、摄众生戒，又称饶益有情戒。

发四无量心，以布施、爱语、利行、同事之行，引导众生趣向解脱，不舍弃六道轮回任何一个有情。

大乘戒律以小乘戒为基础，小乘戒律总为别解脱戒，其核心可概括为不伤害，或说不侵犯，这实在是所有佛教徒都该努力去做到的。发心为一切众生离苦得乐、究竟成佛而上求菩提、圆满觉悟，是大乘的发心。以此发心摄持身口意的，可称为大乘佛教徒。若不能停止伤害，何谈慈悲利益众生？自己尚不能解脱烦恼，何谈度化众生离苦得乐？

莫以为大乘佛子就不需要求解脱。

菩萨是智不住轮回，悲不入涅槃。他们有能力出轮回，却因为慈悲而不离轮回，继续在轮回里度化众生。他们入轮回，是因为慈悲愿力，来去自在，游舞世间。这完全不同于凡夫因业力牵引，身不由己在六道中轮转。

认为发菩提心就是发愿流转轮回帮助众生，这是对菩提心的误读。

愿菩提心有三种：

你可以发愿自己先觉悟，之后再引导众生离苦得乐，这称为国王般的发心，像是一位从宝洲归来的国王，领着他的子民去那珍宝所成的乐土；

也可以发愿与其他众生一起到达究竟解脱的彼岸，这称为船夫般的发心，像是一位船夫，与他渡船上的乘客一起登岸；

或者发愿除非所有众生都解脱，否则誓不成觉，这称为牧童般的发心，像是一名尽职尽责的牧童，暮色降临之时，把看护的牛羊全部带回圈里安顿好之后，他才回家。

以上三种发心，无论哪一种都包括了发愿自己要圆满觉悟，不是只求自己成佛，而是为了所有众生都成佛。

破除了对“人我”的执著,以及大部分对“人我”之外的事物、现象的执著，就能解脱轮回的束缚。进一步把所有微细的执著都无遗破除，就是圆满觉悟，即成就佛果。可见发愿证得菩提、圆满佛果，自然包含了发愿解脱轮回。如果说我们现在所处被烦恼束缚不得自由的状态，是在一楼，解脱轮回是在二楼，圆满觉悟成就佛果是在三楼，那么从一楼到三楼，不论你在二楼停不停，都会经过二楼。

有些佛子发愿要在轮回中救度众生，这很好，但前提是你自己要有能力解脱烦恼，“如佛所说，若自有缚，能解彼缚，无有是处”。

守持小乘别解脱戒，正如戒名所指示的，不犯则能解脱。

别解脱戒条目繁多，各人可根据自己的情况选择受持。总的来说，别解脱戒可帮助我们远离恶业，端正言行，少欲知足，并训练敏锐的觉察力，培养耐心和忍辱的精神。即使被攻击、被侵扰，也不失不忘“不伤害”的誓愿。

修行意味着改变态度，对自己、对其他众生、对世界、对生活的态度。

不用操心外在，真正的改变在内心。

修行是一个渐进、漫长的过程。你不能期望一蹴而就。多么重大的变化，也都是从当下、小小的改变开始的。学佛要有耐心，尤其是初学者，不要把期望值定得太高，那样很容易失望，退失道心；也不要急于求成，那样会很危险，而且难有实质的效果。

不管是不是能够理解深奥的佛法，此时此刻，要做一个好人。善良，正直，有同情心，愿意帮助其他众生。

◊ 8 慈悲，是安乐之源，也是智慧所在

佛陀教导我们：如果有条件，就去帮助众生；如果没有条件，至少不要造成伤害。

懂得缘起的道理，有助于淡化分别念，淡化人我的界线、区别。我们认识到万物相互依存，息息相通。众生的欢笑、痛苦原本是相通的，互为缘起。

这份领悟，是悲心的基础。

如前所述，缘起直指空性。对空性的认识，佛教中称为智慧。

在这里，我们看到悲与智的统一。

真正的慈悲是平等的，针对所有众生，每一个众生。这要求

我们先修好忍辱。忍辱，简单地说，就是在困境、窘迫之境、危险之境，仍然保持内心的开放与柔和，对其他众生怀着善意。

如果忍辱波罗蜜深入内心，我们便会开始把敌人，伤害我们、侵扰我们的人，看作给我们巨大帮助的朋友。敌人为我们创造了修习忍辱和慈悲的最好机会。

寂天菩萨曾说：没有磨难，你就无法修忍辱；不修忍辱，你的慈悲心就没有坚实的基础，所以受人欺侮、伤害、干扰时，应视其为训练慈悲心的可贵助缘。

他还说：敌人是修忍辱的因，忍辱是敌人造成的果。在这样的因果关系中，若此由彼而生，则彼为此助缘，非违缘。

牢记并反复思维寂天菩萨的教言，能增强我们忍辱的能力和决心，进而深化慈悲心。由此可见，真正的慈悲心建立在理性基础上，而非基于贪爱。

训练慈悲心首先要认识自己与他人、与其他众生的相同相通之处，体会自他在生命基本层面上的平等和在生存生活基本追求上的共同点。

所有众生都希求快乐，不希望遭受痛苦。无论男女老幼、贫富贵贱，无论哪一道众生，在这一点上都是平等、相同的。

有了比较稳固的自他平等的观念后，可以逐渐训练自他相换，由以自我为中心，转向以他人为中心。这个变化实现起来很难，但不是不可能。佛陀不会教我们去做根本无法实现的事。有那么多前辈、那么多同期的道友都做到了，所以我们无论如何不要灰心。

设想一下，把自己的苦乐和无量众生的苦乐分别放在天平的两端，你会意识到这两边的差距有多大，在众生的苦与乐面前，自己个人的痛苦和快乐显得那样渺小。如果自己的快乐能与众生的痛苦交换，那岂不是很划算的一件事！

观想自他相换的时候，根据情况、愿望和能力的不同，可以观想自己代受所有众生的苦，把快乐给所有众生；也可以观想代受个别众生的苦，把快乐给对方。

通常，只有与我们类似的人，我们才比较容易与之沟通，但修行恰恰就是要突破局限，作为修行者，我们需要把关怀和尊重扩展到更广阔的对象身上。

只忙于满足自己这样那样的需求，是会让人疲倦、不安的，因为人的需求层出不穷，永远没有彻底满足的时候，心里很难有安定；而慈悲，对其他众生的关怀，哪怕只是一点点，也能让内心喜乐和满足。

示他人以善意、关怀和尊重，尽管不是每次都能得到同等的回报，我们会遇到一些脾气比较坏、比较冷漠、比较固执、不善于表达的人，但没关系，总的说来，我们的幸福感和满足感会增长很多，得到的关怀和尊重毫无疑问也会更多。

对其他众生的真诚关怀，能有力地帮助我们远离恶业。举例来说，当我们的动机是不想让众生遭受被杀的痛苦，我们就会坚决地远离杀业，因为即使之后通过忏悔可以清净业障，众生遭受的痛苦却不可能勾销。同样地，盗窃、淫乱、恶语、诳语等恶业可以忏悔，而它们曾经制造的痛苦却没有机会勾销。

远离恶业是真正安乐的开始，所以关怀众生是安乐之始。

对其他众生的关怀，让我们的胸怀广阔，能以更现实的态度对待生活，不再任凭自己沉浸在对困难和问题无意义的想象中。

很多时候，麻烦、担忧、焦虑的产生，是因为我们的心太小，只装得下自己。哪怕只是一个小问题，在闭塞、狭隘的心胸和眼界的“加持”下，也会变成无法承受的大困境。

每当我感到忧虑、压力的时候，普贤菩萨高尚的誓言总能给我帮助。他说：“乃至虚空世界尽，众生及业烦恼尽，如是一切无尽时，我愿究竟恒无尽。”

想到自己的誓愿，想到生活的目标，眼前便开朗了。怎样大的困境都是可以跨过去的。

慈悲是安乐之源，也是智慧所在。

它让短暂而无法重来的人生有了意义。

小记：

佛法浩如烟海，我以浅陋知见管窥蠡测，必定多诸谬误曲解。在此，至诚向诸佛菩萨忏悔罪过，祈求诸佛菩萨的宽宥、加持。

文章主要是对近来一些道友提出的问题给予了解答。由于本人的局限，其中不尽之处、不是之处，还请各位师友包涵、指正。

如果说此中尚有些许功德，我愿将此功德回向一切众生，愿众生离苦得乐、圆满菩提！愿世界远离灾难、争战，人民幸福安康！

愿这八篇小文，如一组小小的八吉祥，给庆祝农历新年的道友们带去新春的问候，并激发大家探索佛法无尽宝藏的兴趣。

希阿荣博完成于藏历铁兔年

第二章

生命的平等

众生平等的心
才是真正的平等心

顶礼大恩根本上师法王如意宝！

顶礼大慈大悲观世音菩萨！

◊ 1 平等：众生平等，才是真正的平等

众生以各自的业力而显现不同的生命形态，佛经上说，有胎生、卵生、湿生、化生等，形态各异，而同样是有情，所谓有情，就是有能力感受苦乐的一条条性命。轮回六道中的所有众生，上至天界，下到地狱，以及这之间的阿修罗、人、旁生、饿鬼，没有谁不希望远离痛苦，获得安乐。

对绝大多数众生来说，最大的恐惧和痛苦莫过于死亡，最珍

惜的莫过于生命。我们普通人由于障碍，只能现量见到自己的同类和一部分旁生。就我们所见的，人都惜命，即使拿整个南瞻部洲的财物、受用来交换，肯用命去换的大概没有。再看那旁生，微小如蝼蚁都爱惜性命，只要有可能就一定努力活着，冷了找太阳，渴了找水喝。追求快乐，躲避痛苦。人如此，动物也如此。动物对生的希求和对死的恐惧与人一模一样，只是不会用人类的语言表达而已。

有人说人是万物之灵，认为人比其他形式的生命更高级，那么人的优越性应该体现在他不仅能利益自己，也能饶益其他生命，而不是为了口腹之欲或者一点点蝇头小利就去伤害众生，造下深重的恶业。蒙昧抵突，害他害己。

有的人一见到动物立即琢磨它是什么味道，好不好吃，从来没想过那些动物也是活生生的性命，也惧怕疼痛和死亡。平时我们连被针刺一下都会疼得叫起来，将心比心，试想一下，牛羊鸡鱼等被伤害、被穿肠破膛时是何等痛苦！

很多人认为有些动物威胁到人的安全，有些动物给人的生活造成麻烦，所以对这些动物不能姑息，应该除掉它们。如果威胁到人类安全或者困扰人类就应该被除掉，那么人类可以说是威胁到了所有动物的安全，又破坏了自然环境，困扰着所有同处这一世界的动物，那又应该怎么办呢？

有些人觉得自己有钱，吃得起珍贵动物的身体，在别人看来会很体面、高贵。这种想法实在浅薄。高贵的人会用自己的财富乃至拥有的一切去救护众生，帮助他们远离痛苦。

释迦牟尼佛在因地时曾经以身饲虎，藏地现在仍有许多修行人裸身在丛林中，用自己的鲜血布施那些饥饿的蚊子，历史上也有许多高僧大德把自己的身体乃至生命布施给众生。我们普通人虽然很难做这样大的布施,但仍然可以有一颗高贵的心,在心里，在行动中，尊重护卫生命。

人与人之间平等相待，是人类从小就开始学习的处世之道。为什么人对动物就可以肆意掠夺、伤害呢？人人平等的心，还不是真正的平等心，众生平等的心才是真正的平等心。

《大藏经》里面的《业辨别经》中记载了这么一个故事：

一天，佛陀的大弟子目犍连尊者到城中乞食，来到一施主家中,看见夫妇二人正在吃鱼肉,吐出的鱼骨扔给旁边的一条黑狗。尊者见状，连呼稀奇。原来，尊者以神通观察这一家人的前世因缘，发现夫妻二人所吃的鱼，实际上是主人父亲的转世。他父亲在世时，天天到鱼塘里捕鱼吃，结果死后即转生为鱼。无知的儿子和他的妻子也总是捕鱼为食，致使老父亲再再转生为鱼。那条黑狗是主人的母亲转世，因为生前过分悭贪，不愿布施，也不严守戒律，每天只知道守护自家钱财，最后在贪恋家财的心念中死去，死后转生为狗，守财习气不改，白天黑夜在屋外转绕，唯恐有人入室盗窃。轮回就是这样的无尽颠倒，难怪尊者要感叹。

佛陀说，如果将南瞻部洲的泥土捏成枣丸大小，这些泥团也有被数清楚的时候，而众生互为母子的次数却无法数清楚。

众生没有一个未曾做过自己的父母。人间做父母的常常舍不得吃、舍不得穿，好东西都留给孩子。动物也是这样，即使是老虎这样看起来很凶猛的动物，不管自己多饿，找到了食物都会先给孩子。由于不知因果，有的父母为了养育子女、顾恋家庭往往造下很多恶业，后世受报转生三恶道中反复感受痛苦。有的转生为牛羊，一辈子为人劳作，到年老体衰干不动活的时候还要被卖掉，用身体为主人赚取最后一分利润。

每年秋冬季节，由于节日较多及各种进补的习俗，肉的食用量增加，更多的动物被宰杀，这时也是我们护生最密集的时候。买下即将被宰杀的牛羊以及鸡鸭鱼类，或运回牧区，请参与护生的牧民家庭看管，或放养到居士发心建立的护生园里，或放归江河湖海。

每当整车整车的牛羊被解救下来，我们为它们念诵经咒，把它们安顿在更宽敞的车厢里准备运回牧区，我们看见他们大颗滚落的眼泪和流血的伤口。这些卑微的众生，所求不过是活着，并没有威胁伤害到谁,即使在被运往屠宰场的途中,也不攻击反抗，只是哭；获救了，也还只是哭。它们从养殖地被运送到屠宰地的时候，挤在极其狭窄的空间里，颠簸一路，几天几夜没吃没喝。有的腿断了，有的眼睛瞎了，还没到屠宰场就已经饱受折磨，好像进了地狱。在屠宰场里待宰的牛羊眼睁睁看着同伴被宰杀时，也似乎预知了自己的命运，它们流着泪甚至跪下向人祈求，可怜至极。

现代动物养殖业的冷漠和残酷，已经超出了人类文明所能容忍的极限，那些血淋淋的场面，让善良的人无法不生起悲心。在屠宰现场，我们亲眼目睹了那些动物的无辜、无奈、绝望和极度痛苦。它们没有犯什么错，很多动物将自己的一切都贡献给了人类：奶、蛋、力气等，可是人却等不到它们自然死亡就迫不及待地要夺取它们的生命，喝它们的血、吃它们的肉。

有居士将现场的画面用摄影机记录了下来，无论是不是佛教徒，很少有人能冷静地看下去的。在清楚地目睹动物被屠杀时的巨大痛苦时，人类本具的善良天性自然地激发出来，但是由于没有更深一层地去思考生命的平等以及不伤害众生的意义，很多人往往在看过之后，心绪渐渐地平复，又开始了习惯性的伤害众生和吃肉的行为。

◊2 不伤害：人不是非要靠杀害其他众生才能活下去

十不善业中，杀生和邪见的过患最为严重。否定因果即是一种邪见。

如果没有种子，就没有树。一棵参天大树，其种子也只有芝麻粒般大小。同样的，如果没有因，就不会有果，出于贪嗔痴而造作的一切身口意行为，无论多么细微，都会在因缘成熟时感应巨大的痛苦。

《念住经》中说："杀害一个众生须在地狱中住一个中劫。"有人说看不见地狱在哪里。其实地狱天堂、六道的种种境相，都是依众生各自的业报，在众生心识前的显现。地狱的业报没有成熟时，地狱是不会现前的，但不能因此就说没有地狱，在需要感受地狱痛苦的众生面前，地狱无欺存在。

人不是非要靠伤害其他众生才能活下去。我走过很多地方，给人们讲伤害众生的过患，很多人听后都自发地发愿不再伤害众生。如果一个地方的大多数人都能发愿不伤害众生，修持善法，那么此地必定祥和安稳，人们的生活当然也会过得更好。为了生计伤害众生，也许暂时能获得些钱财，但长久来看还是摆脱不了贫穷困顿，今生来世都不会得到安乐。

其实那些以伤害众生为业的人也很可怜。因为前世的业障，有些人出生在世代以此为业的家庭，子承父业，或者有的人就是因为业障重，只能找到靠伤害众生养家糊口的职业。

想想他们真是可怜，同样是为了生存，别人可以做轻松体面的工作，他们却必须成年累月地待在令人作呕的腥臭里，干着伤害其他生命的恶业。可以想象，如果不立即断除伤害众生，虔诚忏悔，他们的后世将是多么的可悲。百劫不复的人身就这样被浪费了。

同样是一段生命，用在行持善法上，就会为自己积累福报，走向更加光明和安乐的去处；用在造恶业上，就会把自己推入黑暗和痛苦的境地。

人身难得，看似漫长的时光其实转瞬即逝。如果我们现在不努力积资净障，那么死亡来临的时候，一定会追悔莫及。如果不从现在起就断除伤害众生的行为，那么今天造下的恶业将来一定会在自己身上成熟，业报现前的时候，无论身心怎样痛苦都只能承受。

流转轮回不像一般想象的那样简单有趣。今生为人，来世不一定能继续做人，很可能会堕落到三恶道中。一旦投生恶道，想积累资粮、断恶行善就非常难了。饿鬼道、地狱道不用说，我们现量可见的旁生道中，绝大部分旁生都是以其他有情作为食物度日，像海洋中有的大鱼一顿饭要吃掉几吨小鱼，小鱼一顿要吃掉无数的浮游生物。一个个都是杀业累累。有些旁生福报浅薄到只能投生到永远见不到亮光、冰冷漆黑的海洋深处，或者炙热的火山熔浆里，无时无刻不遭受冰火的酷刑。尽管如此，他们仍然只是醉心于彼此争斗杀害，你死我活，心相续中满是贪婪、嗔恨。这些旁生生来如此，别无选择。相比之下，做人实在太幸运了，因为人就算再潦倒，再走投无路，也还是可以选择不伤害众生、不造恶业，而仍能活命。

世间的人看似聪明的不少，但是对因果法则认识清楚的人并不多。因果法则的运行并不以信不信为基础，它是自然规律。恶果成熟时所感受的痛苦，也不像我们想象中那么轻轻松松。就像芝麻大小的树种能够长成参天大树一样，杀害一个众生的果报，后世转剧，是要为此偿还五百次生命。这在佛经中有更多详细的开示。

那么怎样是一个完整的伤害众生行为？完整的伤害行为具备四个因素：行为的对象、行为的意图、行为的本身和行为的完成。也就是说，清楚地知道所杀的对象是一条活生生的生命，然后产生了想夺取它生命的意图，接着亲自或者命令他人去杀，最后是达到了夺取生命的目的。这四个条件都具备，就是一个完整的伤害众生的不善业。

比如说，去餐馆里吃饭点菜，心里明确地知道对象是一条鲜活的生命，并产生了想吃它的念头，这时已经具备了四个条件中的前两条。接着你付了钱，吩咐厨师立即去做这道菜，最后，这条生命成为你的盘中餐，这时完整伤害众生的行为就具足了。

如果四个条件中的某几个不具备，比如只有想伤害的对象和想杀的念头，但是没有产生实际的行动，其结果也没有伤害到其他的生命，这虽然也有过失，但不会承受完整伤害众生的果报。或者并没有具体的伤害对象和要剥夺有情生命的念头，但无意中自己的行为伤害到了其他众生，夺取了对方的生命，这样的行为也是伤害，但比完整伤害众生的果报要轻。

我曾经看到过，人们在逢年过节时，会将很多鸡鸭鱼等作为食物端上餐桌，来庆祝节日，这其实并不是很明智的庆祝方式。我们短暂的快乐不必建立在其他生命的痛苦之上。

有一次，我接受居士们的供斋，有机会路过并目睹了一个盛大婚礼的宴请现场。在那些装饰得很漂亮的餐桌上，有的有情被制作成“美味”摆在餐盘里。这貌似喜庆的一幕让我的心情十分沉重，我想婚姻应该是这对年青人新生活的起点，在这个人生的重要时刻，如果不伤害有情的生命，那对他们未来的人生将是非常吉祥的缘起。

很多人看不惯别人护生，一个重要原因是这让他们不能完全心安理得地吃肉。那么是不是吃肉都是伤害众生？如果只食用自然死亡动物的肉，因为动物是自然离世，这个行为没有直接或间接对有情造成伤害，所以不会有伤害有情生命的果报。

有些人说蔬菜水果也是有生命的，佛教徒不忍伤害动物的生命，难道就忍心伤害植物吗？的确，植物也有生命代谢，植物与动物的不同，其实一个词就能说明白，那就是性命。动物及至佛教所说的众生，是指一条条性命。你可以说一棵菠菜也有生命，但你不会认为盘中那棵菠菜是一条性命，不是吗？这其中的区别,你心里是明白的。这种区别也就是有情众生和无情物的区别。

佛陀对吃肉的果报和吃素的功德都有非常清晰的开示，因此我们最好能吃素。

如果因为身体、工作等原因，暂时做不到吃素，至少也要尽量避免吃活鱼、活鸡、活虾等活物。非要吃肉的话，只吃三净肉，否则一定不要吃。有的人习气重，每天都要吃肉，这样的人可以逐渐减少吃肉。比如，先在每个月的佛菩萨节日吃素，然后在更长的时间里，比如神变月等，坚持吃素，慢慢形成素食的习惯，一步一步来，直到最后彻底不吃肉。

◊3 护生：哪怕只能救护一个生命，也是有意义的

佛陀说，一切有为善法中，救护有情的生命，功德利益为最大。当我们面临失去生命的危险时，如果有人救了我们的性命，这一定是最让我们感激不尽的，其他的帮助都比不上救命之恩。人类这样，其他众生也是这样。

众生欢喜佛欢喜，诸善业中最令诸佛欢喜的就是救护有情的生命，让他们得到安乐。利益众生的方式有很多，但是没有哪种能像护生这样直接从屠刀下解救即将失去生命的如母众生。

我的恩师法王如意宝只要一看见动物受苦或者被伤害，都会难过得流泪，并尽全力去解救。受大恩上师的熏陶和教导，我们这些弟子无论走到哪里都热心于护生，将自由、安乐与无畏带给被解救的众生，将慈悲、温暖与信心送给参与护生的人。

一九九七年，法王如意宝带领学院僧众共修大威德法。在这期间，四月八日凌晨，法王在梦中见到自己的根本上师托嘎如意宝。

托嘎如意宝说："你们此次修法极为殊胜，对众生有很大的利益，真正是作了一次大的护生。"接着，托嘎如意宝讲述了护

生的种种功德。法王知道护生能令上师欢喜，于是向上师汇报道：“我前年从新加坡回来后，至少已救护了一亿条生命。”托嘎如意宝听后极为欢喜，双手合掌连连赞叹道：“善男子！善男子！你真正是末法时代的如意宝，你真正是末法时代的太阳。”随后以金刚歌的方式赐予四句教言：深寂离戏光明无为法，证悟犹如甘露法性义，随顺所化善巧方便行，愿得度化无边众生力。

后来，法王如意宝开示，在末法时代，诸善法中护生最能让诸佛菩萨、根本上师欢喜，并劝请四众佛子广行护生，实践妙道。当时法王特意给包括我在内的几位弟子每人两万元钱，让我们作为护生之用。以此为缘起，法王的弟子们开始在各地持续大规模护生。

有的人认为，我们只是普通人，没有能力帮助其他众生。这样想是不对的。每个人都能或多或少地利益到其他的生命，帮助众生不一定需要很多的外在条件，更多需要的是一颗利益众生的心。有了这种心，便会在不同情况下随顺因缘利益众生。

虽然众生多如恒河沙，我们能救护的只是其中很小的一部分，但是仍然要坚持护生，哪怕只能帮助一个生命减少痛苦，我们的努力都不会白费，都有意义。解救有情的生命需要具备因缘。佛陀虽然圆满具足十力四无畏，也只能度化有缘的众生，就像阳光虽遍照世界而盲者却看不见一样。

护生也是这样,即使你富如帝释天,做不到救护所有的众生，众生无边誓愿度，重要的是我们有这个发心，然后尽自己的能力去帮助众生。

人身难得，时间匆匆过去，大家一定要好好地利用这段有限的生命去利益其他众生。在这个幻化的世界里，没有什么东西是恒常不变的，总有一天你会丢下自己执著的亲人和积累的财富，孤零零地走向后世。

这一天什么时候来临，谁也不知道。在家人在社会上生活肯定需要基本的物质保障，如果没有一点基础确实很难生活下去，但是作为一个对生命价值有正确认识的人，应该明白我们平时吃的穿的够用就可以。否则，人的贪欲无止境，永远不会有满足的一天，而生命就在我们对贪欲的追逐中一天天缩短。

死亡来临时，不用说辛苦积累下来的财富，就连自己这个肉身也带不走。那时候，只有佛法，只有善业，能帮到我们，所以大家平时基本的生活所需满足之后，应该用更多的精力和金钱去做利益其他生命的事情。

我看到有的人在餐馆里吃一顿饭，随便就花掉几百上千块钱。我想，如果能用吃一顿饭的钱来护生，对我们现世培养自己的慈悲心和菩提心，对将来的往生都会有很大的帮助。吃什么东西到了胃里都一样，花那么多钱在吃上很浪费，除了满足一点口腹之欲，对自己的今生来世都没有什么帮助。用这些钱来护生，真正地帮助即将失去生命的有情，这钱才花得有价值。

在自己有钱的时候千万不要浪费，要多多地护生。没有钱的人,也可以根据自己的能力护生,尽力救护众生。只要发心清净，功德一样，钱多钱少都没关系。护生不是只在圣地才放,或者只在佛教节日里护生，应该随缘解救众生的生命，无论什么时候在哪里。若能长期坚持护生则更好。

护生是遣除违缘、迅速积累福慧资粮的有效方法，不但利益了被解救的众生，也能增加自己现世的福报，获得健康长寿的善果，还是往生极乐世界的重要助缘。所以我们应该努力帮助众生脱离危险的境地，一定要这样做，因为今天的善愿善行将会在未来我们遭遇危险时帮助到我们。

我们还应该发愿，所有众生都能往生西方极乐世界，如果自己来世没有能够往生极乐世界的话，那么无论将来转生到哪里，都要生生世世利益众生，绝不加害众生。

我们周围还有很多亲属、同事、朋友，他们可能因为各种原因,目前还没有皈依三宝,为了自己所谓的安乐日夜不停地奔波，虽然追求的是安乐，所做的却全是痛苦之因。有些人虽然皈依了三宝，但还是常常做出不如法的行为。

对这些人，我们应尽可能地通过自己的行为去影响他们，让他们从我们身心的改变以及护生的行为上，看到行持善法的力量。如果我们的行为能令他们对佛法生起哪怕是一点儿信心，甚至在他们的一生当中影响他们救护一条生命，根据因果不虚的道理，也一定会让他们的今生来世得到利益。

护生过程中常常会遇到违缘。比如，你刚把鱼放生，就有人拿着渔网、鱼竿闻讯赶来捕捞，或者有人故意制造事端，阻止护生。遇到这种情况不要心生嗔恨、与人争吵，应该好言相劝并积极寻找解决办法。

我们不能要求所有人都理解和支持护生。事实上，很多人不能说反对但至少是不理解、不支持护生的。因为在他们所受的教育中没有护生、众生平等这样的概念，而要学习新知、改变成见又是那么难。

有人认为频繁的护生活动制造了新的市场需求，一些商贩专门为供应护生而买卖、捕杀动物，如果不护生的话，就不会有这种情况发生。其实，各地市场、屠宰场、养殖场里等待成为人类盘中餐的动物中，能被解救下来的只是极少数，比例微乎其微。如果养殖户、屠宰场、商贩们指望靠供应护生来维持生意的话，那么他们立刻就会倒闭，想来他们不会这样“天真”。

不论有没有护生，养殖户都会过度养殖，屠宰场都会过度宰杀，商贩都会买卖捕猎。只有社会上大部分人普遍、自觉地减少肉食需求，才能减少伤害、买卖动物的规模。否则，少数人势单力薄的护生活动是不可能对养殖业、屠宰业及偌大的相关产业链产生影响的。

其次，即使个别商贩看到护生带来的“商机”，为供应不期而来的买生加大进货量，护生也并没有给谁带来伤害和痛苦。

如果说牛羊鱼虾等原本在养殖场里过着自由快乐的生活，因为有人要护生，才被宰杀，被运到市场，那么批评护生造成动物的痛苦是有道理的。但事实不是这样，那些牛羊鱼虾等如果没有碰巧被护生的人买下，它们就会按计划被宰杀，因为人养殖它们的目的就是吃掉它们。不是护生造成了宰杀，而是护生让少数幸运的旁生免于被残酷宰杀的痛苦。

若有人真的想站在动物的立场指责的话，应该指责那些为了利益、为了口腹之欲或者为了虚荣而屠宰、捕杀、养殖、买卖、啖食动物及穿戴动物制品的人，而不应该指责护生的人。

另外，我们在护生过程中要尽量考虑护生地的小生态，注意物种的匹配和数量上的平衡，尽量做到合理安排和计划。有人说护生会破坏生态平衡，我不知道这些人为什么看不到过度膨胀的现代养殖、畜牧业及与猎杀动物相关的产业正在前所未有地造成水源污染、土壤沙化、物种灭绝、自然食物链断裂，以及抗生素滥用和新型疾病在人、动物间的流行。

我们护生的动物主要是从市场、屠宰场买来的，而之前它们大部分是挤在养殖场里。你看，我们只是从人嘴里夺肉，并没有从自然界的动物嘴里夺食，所以根本谈不上破坏食物链的问题。

当我们把鱼虾放游江海，有人担心此举会给护生水域带来麻烦。其实，哪怕我们再怎样努力，护生的数量终归是有限的，就算由于偶尔的考虑不周而对个别水域产生影响，这影响也极其有限，并且能够被水域自然的代谢循环系统调整过来。人们似乎更应该去关心工业排放、城市排污、过度养殖等对水资源造成的严重和难以恢复的破坏。

其实长期以来，我们一直都很注意护生的“善后工作”，并不像一些人以为的那样，只讲求护生的形式，仪式结束后就再不管放生动物们的死活了。每次护生，我们都尽量找安全的地方，尽量避免护生动物再度遭到捕杀。

比如，不把鱼类放进鱼塘、渔场，这种地方是专门养殖鱼虾供人捕杀的，把动物放进去，它们很快又会被捞上来被送进市场、餐馆。也不把水鸟放于山地，鱼类放入被污染无法生存的水域中。人工饲养的鸡鸭等是比较难护生的，于是在一些地方，居士们集资买下土地，建立护生园，收容这些动物。

每年秋冬之交，人们开始“贴膘”和进补的时候，也是牛羊被大量宰杀的时候。我们到屠宰场买下牛羊，把它们运回藏区托付给诚实可靠的牧民放养，直到命终。牧民们也很乐意做这件事，一来，他们参与护生，积累了善根；二来，在照管牛羊的同时，他们可以享用牛羊奶，制作奶制品，生活能有改善。

有人觉得拿钱去护生，那些动物最后还是会死的，或者刚刚被救护就死了，这样，护生的钱不就浪费了嘛。的确，被救护的动物终究也免不了会死，我们找不到一个完全不死的地方去放它们，但不能因此就不护生。那些动物如果能活到命终自然死亡，所感受的痛苦会远远小于被生生屠宰、开膛破肚的痛苦。即使刚刚被救护就死掉，也千百倍地好过被人当作食物宰杀，神识尚未离开肉体就被千刀万剐。

此外，护生不仅是帮助动物脱离了暂时的死亡恐惧和痛苦，更重要的是我们念诵护生仪轨，使那些动物听闻到佛号、心咒，这将成为它们未来解脱轮回的因缘。

钱怎么花才不浪费，每个人对此都有自己的看法。很多人花钱实际是在增加自己的烦恼，如果那样不算浪费的话，那么花钱帮助减少众生的痛苦也不应该算浪费。

除了在市场、屠宰场即将被宰杀成为人类食物的旁生外，还有很多众生等待着有人向他们伸出援助之手。比如，自然界中因环境恶化而正在失去生存条件的动物，就在人类身边而常常被视而不见的流浪猫、流浪狗，罹患疾病需要物质、精神等不同形式帮助的人，贫困失学的孩子，无所依靠的老人，等等。

诸法依缘起，帮助众生也是要依赖因缘的。我们虽然希望所有众生都远离苦难，但是在行动中也只能随顺因缘条件，在条件许可、能力所及的范围内，尽力去帮助众生。每一个出现在我们的视野中需要帮助的众生，不论人也好，动物也好，如果我们有能力帮助，就去帮助他们。

有人看见别人护生，就说这样做意义不大，不如拿这个钱去帮助穷人；而当穷人真来到他面前，他又说救急不救贫，不如拿钱去帮助病人；有人帮助病人时，他也不会随喜，又说别的。总之，谁也不如他高明，而他也不是不想布施，只是一直没有等到最佳时机。最后他什么也没做,既没有帮助动物,也没有帮助人。与其这样任由贪吝、嫉妒的烦恼习气作怪，批评别人的善行，损耗自己的福报，不如实实在在去帮助哪怕一个众生。这比任何高谈阔论都更对自他有利。

我们在护生的过程中，经常会遇见随喜的人们。帮我们把牛羊运回藏区牧场的司机们就主动提出免收运费或者运费打折。屠宰场的人也很高兴，因为他们不用伤害众生同样挣到了钱。看来大多数以伤害众生为业的人，也并不认为伤害众生造不善业是件令人愉快的事。

当运送被解救牛羊的卡车进入藏区时，沿途的人们看见车上五彩的经幡和牛羊犄角上系着的彩色布带，知道这是护生的车，都纷纷随喜。

我们去市场买水产，也常常会有商贩随喜，他们或者贡献几条鱼出来，或者帮我们搬运，或者拿出钱来让我们帮他护生。每当这种时候，我们都特别随喜他们的善念善行。他们看上去也很开心，大概从这种全新的人际关系，以及人与动物的关系中，他们也感受到了某种从未有过的快乐。

路过和围观我们护生的人，如果能生起一念欢喜心，乃至对佛法生起一念好感，都会在他们的心相续中留下印记，就像在田里播下了一粒种子，未来因缘成熟的时候一定会结出善果。

很多人也许不知道，他们的一念善心、一分善行，纵然微小，转瞬即逝，也必定在轮回长夜中，在危险之境，为他们做明灯，做救护。因为知道这一点，知道即使是一个匆匆而过的路人也有可能得到利益，我们在护生中不论遇到怎样的困难和误解，都能坚持下去。

护生不仅是单纯地把动物从屠刀下、牢笼中解救出来，让它们活下去，还它们以自由。远离眼前的危险固然重要，但我们还希望这些众生能够从根本上摆脱死亡和痛苦。所以我们在护生时，通过佛教的护生仪轨，使被放的生命与佛法结上缘，在它们的相续中种下解脱的种子。

护生时有出家人带领念诵仪轨自然非常好，没有的话，居士们也可以护生。护生最好能以三殊胜摄持，简单地说，就是护生前有端正发心，护生时一心一意为这些生命念诵心咒和佛号等，护生之后要如法回向。我们所念的佛号、心咒等，入众生耳，便在它们识田中播下了未来解脱的种子。有些众生在听到此声音后，善根将很快成熟，从而转生到善趣。

佛法的修行可以归摄为六度，而如理如法地护生即能同时具足六度。具体来说：

第一、布施。护生本身是无畏布施；依佛教的护生仪轨让众生得到佛法的熏染，使他们获得暂时与究竟的利益，是法布施；施财令众生离苦得乐，是财布施。

第二、持戒。如法护生是让众生获得暂时和究竟的利益，这符合以利益众生为核心的大乘戒律。在运输、护生过程中，尽量避免让动物受伤或受到惊吓等，与不伤害众生的戒律相一致。

第三、忍辱。护生时遇到违缘不要生嗔恨心，应积极、耐心地寻找解决办法。同时，护生常常需要忍受疲劳、饥饿、严寒、酷暑。这些都是忍辱。

第四、精进。欢喜踊跃地参加护生。

第五、禅定。在护生过程中无论是搬运动物还是其他劳作，无论是念诵、观想、祈祷，还是修慈悲心、菩提心，始终认认真真，心不外散。

第六、智慧。懂得护生的殊胜功德，这是一种智慧。再进一步，有三轮体空的见解以及证悟，就更是智慧。

在护生圆满结束时，一定要好好回向，将护生的功德回向给所有的六道众生，希望众生都离苦得乐并最终成就佛果。这样的回向会让我们获得殊胜的利益。

有时在护生现场，我也听到有的人希望以此功德回向给自己的父母，愿他们健康长寿，或者希望自己家庭和睦等等。我想，你的父母家人若还没有证悟成就的话，肯定也是六道当中的众生，我们回向一切众生，当然也就包括他们。所以大家不要担心如果功德都回向给六道众生了，自己的家人会得不到利益。

单个人的能力是有限的，如果有更多人参加护生，则能使利益众生的能力和功德都扩大。有时，参加一次这样的护生所获得的功德，恐怕是我们普通人倾尽毕生之力也很难达到的。特别是在护生中，如果有修证成就的佛菩萨参加，我们的凡夫发心就会融入圣者的智慧发心之中，我们将会获得不可思议的功德。护生是迅速积累广大资粮的一个方便法门。

关于在护生过程中可能遇到的一些问题，我在文集《次第花开》的护生问答中尽力给予了解答，大家可以参考。

一个真正心地柔软善良的人，除了尽己所能护生外，在日常生活中也会宽厚柔和地对待众生，包括那些不期闯入我们生活的动物，尽管有时它们的确会带来一些麻烦，比如，房间里闯进来蚂蚁、蟑螂、老鼠、苍蝇，等等。要知道，我们生活的地方也是它们生活的地方。如果实在不能忍受与它们共处的话，可以想办法请它们到户外去生活，而不是伤害它们。

在佛陀时代，僧侣们赤脚行走，为的是避免穿鞋走路时无意踩死昆虫之类的情况发生。在藏地，人们行走或者转绕坛城、佛塔，总是低着头，比较缓慢地走动，一旦发现路上有昆虫就捡起来，小心翼翼地捧在手心上放入人不经常走过的草丛里。大家在日常生活中，除了戒除有意伤害众生的行为外，还应时刻小心不要无意中伤害其他的生命。

一个人童年时候的教育对其一生的影响很大，所以父母的言传身教在成长中的孩子心里会留下深深的烙印，将来孩子长大成人后，也会把得自父母的教育传承给下一代。父母要注意培养孩子的爱心，先让他们懂得爱护小动物，慢慢懂得爱护一切生命。

从小不尊重生命，长大后也很难有慈悲心，情况恶劣的，别说对动物，对人类也没有同情心。现在很多电子游戏里都是打打杀杀，孩子经常玩这一类的游戏，会养成把杀戮当儿戏的习气。父母应该正确引导孩子，培养他们生命平等、尊重生命的价值观。

◊4 普贤：尽己所能去帮助一切众生

一年四季，在各地，都有人在用各种方式保护生命。这已经不只是一小部分人出于宗教信仰的原因才做的事情。为了满足现代社会膨胀的肉食欲望，过度放牧，过度养殖，已经对整个地球的生态环境造成了破坏。几乎每一个人都能在他的日常生活中明显地感受到水土流失、饮用水资源剧减、粮食缺乏、温室效应、农药污染等带来的影响。

越来越多的人开始关注环境、生态问题，而护生是迈向更加平衡、更加可续的生态环境的重要一步。我希望有更多人能真正去观察、思考并采取行动，减少对肉食的需求，减少对有情的伤害，加入护生的行列，保护大家都赖以生存的家园，保护众生。

一九九四年，我跟随上师法王如意宝在多康地区弘法时，希望能将法王迎请到我在德格的家中，法王如意宝非常慈悲，恩准了我的请求。当时我的母亲等家人也在法王面前发愿出家，家中牧养的牲畜全部放归草原，作为对法王如意宝的法供养，法王对此非常欢喜。我也在法王如意宝的面前发愿，今生今世尽己所能去帮助一切众生。因为这个缘起，我每年都会专门用一段时间护生。

一九九七年四月，法王如意宝发出广行护生的倡议。同年十一月，正好赶上我的生日，一些居士提议庆祝一下，说实话，我之前从来没有庆过生日。那天，我们去护生，护生的规模虽然不大，但是过生日的同时可以救护有情的生命，让我非常欢喜，也得到了一些启发。于是第二年过生日的时候，我到成都和当地的居士们一起在都江堰进行了一次大规模的护生。看着那些即将被宰杀的众生重新获得自由，我觉得这样过生日真的非常有意义。

自此以后，每年以生日那天为始，不论在什么地方，我都一定会持续护生一段时间，一些得到得到消息的居士也纷纷加入，在这段时间里集中护生、供灯。我的生日并没有什么好庆祝的，人迟早都会离开这个世界，我也不例外，但是这一天若能成为一个护生的日子，即使将来我不在了，也还会有人记得在这一天尽己所能地行持善法、救护众生，那就太好了。其实每个人都可以用护生的方式来庆祝和纪念自己获得这个珍宝般的人身。

护生，是一种善行，更是一种理念，即我们应该尽己所能坚持长期保护生命。这听上去很简单，但是做起来却需要巨大的热情、毅力，以及对因果坚定的信念和对众生的悲悯。

厦门有一位居士坚持每天护生，除了维持基本生活所需外，他几乎把所有钱都用来护生，每天往来于市场和护生地之间。手头最紧的一次，身上只剩下五元钱，他就拿着这五元钱去买了一些小鱼放掉，没有让那一天空过。就这样，他坚持了一千天。他把这件事告诉我的时候，我十分感动。

做其他很多事情，你都可以做样子，不用有太多实际的投入，而长期坚持护生，你没法做样子，出钱出力，顶风雨冒寒暑，全都是实打实的付出。

普，具大慈悲故不住无为。贤，具大智慧故不住有为。在出离心、菩提心的摄持下，为了众生离苦得乐而付出的一切努力，积累的所有善根，我们都由衷赞叹随喜。做一个真正的佛弟子，把未来全部的生命都用于帮助众生远离痛苦，获得安乐。

护生是佛陀在诸多经典中再再赞叹的修行法门。作为佛弟子，应该依教奉行。除自己努力护生外，还要劝导别人护生，见作随喜，而不能出于私念，阻止别人护生，排斥、障难自己没有参加或者不想参加的护生活动。

小记：

自十一月以来，我们一直在护生，平均每隔一两天便有几车牛羊被解救下来送回牧区。跟随我一起护生的出家人和居士都很辛苦，为了抢在屠宰场开门前拦下运送牛羊的车辆，往往是半夜就要去屠宰场等着，然后要说服商贩把牛羊卖给我们，还要跟屠宰场周旋。等一切安排停当，把牛羊运到一个方便为它们念护生仪轨的地方，差不多快中午了。去市场购买水产畜禽的也同样辛苦。

然而，看到牛羊获救后，眼睛里的恐惧慢慢消退，身体也放松下来，甚至露出欢快的样子，悠闲地踱着步。看到鱼儿跳出水面欢呼，黄鳝泥鳅在水中竖立舞蹈，乌龟们开心地仰泳，游出去很远了，还探出头来回望护生的人。看到这些，就会觉得所有的辛苦都是值得的。

跟我们打过交道的商贩，大部分人听说我们是为护生而来，都会比较乐意把动物卖给我们。看来他们做这份职业，也是身不由已。

与此同时，各地佛子们冒着隆冬的严寒，克服种种困难，坚持护生。

悲欣交集，参加过护生的人会比较容易明白这个词的含义。悲悯而欢欣。

想到自己有幸参与这样的护生，有那么多人在尽己所能地利益众生，不计其数的众生获得了救护，我的心里充满感激。

在护生的间隙，我把见闻、感想零零碎碎记录下来，整理之后成为这篇文章。

愿上师法王如意宝欢喜！

愿无始以来的不善业都能彻底清净！

愿一切众生获得暂时和究竟的安乐！

希阿荣博于藏历水龙年末

第三章

生命的依怙
——皈依浅释

皈依是一切修行的基础，
而皈依的基础是信心。

顶礼集佛、法、僧三宝于一身的
大恩根本上师法王如意宝！

人们对佛教的皈依存着种种误解，或以皈依佛教为迷信，或认为皈依只是走形式，或未能圆满地皈依三宝，尤其学佛者因为对皈依缺乏基本的了解，而在修学中出现偏差，诸如此类，令人见之黯然。

我虽愚笨，依止大德善知识多年，耳濡目染，也学到了一点最基础的佛法，愿在这里与大家分享，简单跟大家谈一谈皈依三宝的含义，皈依的发心、方式、学处等，供各位参考，我自己也正可以温习一遍。

◇1　皈依的基础：只要对三宝有信心就可以皈依

首先，皈依二字，皈是回归、还原之义，依是依靠、依止的意思。佛教的皈依指皈依佛、法、僧三宝。无始以来，我们妄想攀缘，逐念流转，苦海浮沉，无处依止，无处归宁，如今皈依三宝，即是以三宝为依怙、归向，在三宝的庇护下远离贫乏、忧惧、苦难及三界一切痴迷。

皈依是一切修行的基础。经常有人跟我说，只想开悟得智慧，不想皈依，也不想持戒、行善。这好比想在空中盖楼，不打地基，不要一至九层，直接盖第十层，可能吗？

《楞严经》云："摄心为戒，因戒生定，从定发慧。"没有戒定，何来智慧？佛法与一般的世间学问不同，不是靠单纯的研究就能了达其义。佛法需要受持，要拿到身心中去求证，证到了才是真正明了。这求证的过程即是按照经律论三藏所诠释的法门精进修行，在心相续中生起戒定慧功德的过程。

一切戒律的基础是皈依，没有皈依，便得不到别解脱戒、菩萨戒、密乘戒的戒体，而皈依的基础是什么呢？是信心。在皈依之前先要对三宝有信心。

信心分为三种：清净信、欲乐信、胜解信。

有的人天生就对佛教有好感、有亲切感，见到佛像、经书、寺庙、僧侣、僧衣等，或者听到佛陀、大德的生平事迹，或者听人讲解佛法，心里就欢喜、感动、仰慕，自然而然就相信三宝的功德和加持。他们对佛法或许还知之甚少，却对三宝怀着发自内心的爱敬。“一见到，心里便开始微笑。”就是这样。这种信心建立在单纯、清净的情感基础之上，所以称为清净信。

欲乐信，是指自己也想成为像佛陀、菩萨或倾慕的上师那样具有种种功德、庄严，或者听闻到佛法而愿意按照教导去做，从而获得正法的功德。比如，听到轮回恶趣的痛苦之后，生起想摆脱远离的心；听到善趣、解脱的安乐，生起希求的心；听闻善恶取舍的道理后，生起想行持善法、断除恶业的心，等等。这时，对三宝的信心不只是欢喜、爱敬，而且还进一步希望自己也能拥有三宝那样的功德。

胜解信是在深入了解了三宝的不共功德和加持之后，从内心深处生起信解，确信三宝是自己走出三界迷途唯一的依怙。此信心不可动摇，不会因情绪、时间、地点、经历的变化而退转。这时，三宝不再是存在于外部、供仰慕的对象，而是越来越与我们的自心融合，成为自心中的安乐和力量之源，并将最终与我们的心无二无别。

从清净信到胜解信，我们对三宝的信心越来越富有理性。

普通人的心是如此易变，基于纯感性的信心虽然也很好，却不够坚韧、深广，不足以持续地激励我们采取行动去实践佛法，为解脱轮回而奋力修行。

佛陀也曾开示说不要让情绪、偏好主导对佛法的信心，而应通过闻思修去检验佛陀的教言，由闻思而了解教法，由实修而获得证法功德，在闻思修的基础上建立起对三宝的坚定信心。

信心是开启修行之门的钥匙,修行也是不断增上信心的过程。

大多数人刚开始对三宝的信心都会比较偏于感性，这没关系。实际上能对三宝自然生起欢喜之心，是往昔积累了巨大善根的结果，若自己或他人有这种清净的信心，我们应当真诚随喜。

以后随着闻思修行的深入，再不断巩固信心，使清净信增上为胜解信。就像聚光镜把阳光聚于一点使稻草燃烧一样，无伪的信心能把三宝无处不在地加持在我们心中聚焦，点燃我们内心智慧与慈悲的灯火。《华严经》云："信为道元功德母，长养一切诸善法。"信心使痛苦的彻底止息、智慧的圆满显发成为可能。

2 皈依的对境：迷时师度，悟了自度

佛、法、僧三宝是我们皈依的对境。

佛宝的本体是断证究竟，也就是断除了烦恼障、所知障、习

气障等一切障碍，证得了究竟圆满的智慧。再无所断，再无所证，断证都达到了究竟，这是佛宝的本体，由佛的三身五智来体现。

三身指佛的法身、报身和化身。

法身是自性光明。报身、化身是佛在不同有情面前的显现。

具体而言，在清净者面前，依靠佛的自性大悲、愿力以及所化一至十地菩萨的福德力，而显现报身，比如金刚萨埵等报身佛刹土的主尊，一地以上的菩萨才能现量见到。

在不清净者面前，依靠受用圆满身的发愿力和所化众生善法增上福德力，显现佛的殊胜化身，比如圆满示现三十二相八十种好的释迦牟尼佛，这是没有证悟的众生也能现量见到的。

佛的化身除殊胜化身外，还包括：

一、秉承佛陀慧炬、以正法饶益众生的大德善知识。佛陀在《涅槃经》中说："阿难莫哀伤，阿难莫哭泣，末时五百世，我现善知识，饶益汝等众。"就是说在末法时期，佛陀将示现善知识的形象来度化众生。

二、佛陀在《耳饰经》中说："末法五百世，吾现文字相，意念彼为我，尔时恭敬之。"法本文字亦是佛陀的化身，以教法引导众生出离轮回无尽的痛苦。

三、《白莲经》云："化为诸多佛像后，利益众生令行善。"佛塔、佛像、佛舍利等都是佛宝的所依，代表真正的佛。

四、凡是能为众生带来利乐的事物，哪怕是酷热中的一阵清风或是寒夜里的一盏灯火，都是佛陀的种种化身。

佛的五智是指法界性智、大圆镜智、平等性智、妙观察智和成所作智。五智细讲起来非常复杂深奥，初学者颇难理解，这里我们就不展开，等以后有机会再讲。

法宝的本体是断除烦恼障、所知障、习气障的方便，包括断除障碍的方法和障碍断除后现前的功德，具体体现为佛陀的教法和证法。佛陀宣演的八万四千法门归纳为经、律、论三藏，又称教法。三藏诠释的含义为戒、定、慧三学，又称证法。

僧宝的本体是具足智慧和解脱两种功德。在不同程度上证得了智慧，解脱了烦恼障、所知障、习气障的修行者，是僧宝。根据大小乘共同的观点，释迦牟尼佛教下出家的四位僧人就可以代表僧团，僧团即僧宝，是我们皈依礼敬的对境。根据大乘不共的观点，只要是证悟者，无论一人还是多人，无论出家还是在家，都是僧宝。

由以上对佛、法、僧三宝的简要释义，我们就知道，平常所说的三皈依——皈依佛即以释迦牟尼佛及十方三世一切诸佛为导师，皈依法即以释迦牟尼佛的教法和证法为解脱的道路，皈依僧即以僧团和证悟的圣者为道友，也可以理解为：皈依佛即以回归自性为目标，皈依法即承诺精进不退地修持断除障碍之种种法门并现前戒、定、慧的功德，皈依僧即誓愿一步步断尽障碍，一分分证得本智。三宝皆在一心当中。

前一种皈依把佛、法、僧视为外在，寻求的是外在三宝的救护。后一种皈依是皈依自相续所摄的三宝，通过在自相续中断除障碍、证得智慧并最终圆满断证功德，使自己免于痛苦和无明。

我常听人说：真正的皈依是皈依内在三宝，不是皈依外在三宝。果真是这样吗？其实内在三宝与外在三宝是无法截然分开的。以佛宝为例，前面我们讲到，佛宝的本体是断证究竟，而断证究竟通过法、报、化三身来体现。法身是断证究竟，报身是断证究竟，化身也是断证究竟。皈依内在的法身佛与皈依外在的报身佛、化身佛实际是一致的。法宝、僧宝亦然。

其次，我们通过皈依外在的三宝，慢慢把内在三宝的功德引发出来，那时我们将体会到：外在三宝其实是内在三宝的投射，正因为我们内在本具三宝的功德，才会在因缘成熟之时现前外在的三宝。“迷时师度，悟了自度”说的也是这个道理。师集三宝于一身。不识本性的时候，是三宝度我；识了本性，方知是自己度自己。

◊ 3 皈依的发心：自利利他

有时我们会觉得自己在许多方面都做得很差，自私、偏激、目光短浅，离真正修行者的标准还相差太远，这样是否有资格皈依呢？除了你自己，没有人能决定你是否能皈依。皈依唯一的条件是信心，对三宝有信心就可以皈依。

大家出于不同的原因，为各种各样的痛苦所迫而向三宝寻求庇护慰藉，然而不管我们是由于怎样的因缘来到三宝面前，在正式踏入佛门成为佛弟子之时，我们需要端正自己的发心。

今日皈依，我们不是仅仅为了自己，而是为了一切众生脱离痛苦、获得安乐并最终成就佛果。这个崇高的誓言将一路激励着我们，它赋予我们的修行更深广的意义。

为了别人、为了众生的利益而皈依三宝、勤苦修行，这与当前鼓励自私和贪执的现实环境是格格不入的，而佛法的修行者从进入佛门之初便在上师的建议和引导之下，选择一条具有叛逆精神的生活道路，以莫大的勇气和耐心去坚持自己对轮回的叛逆。

我并不是说你不可以为了自己免于病苦厄难或者为了今生来世的幸福美满而皈依三宝。佛门有求必应，只要你有虔诚的信心，一定能感应到三宝的救护、加持。然而我们要知道轮回的本质就是苦的，即使不看前世后世，仅这一生的几十年也足以让我们尝遍忧恼的滋味，种种不如意，种种无奈，从生到死，无有间断。在这纷扰忧苦之中，我们辛勤地维持着各自的生活，没钱的愁钱，没名的愁名，没感情的愁感情，一旦都有了，又愁失去。无论贫富尊卑，有无同忧，皆是为心走使，难得安适。

大家所受的教育，拥有的生存技能，到目前为止为得到幸福做出的所有努力，大多数是以自我为中心，为了实现自己在轮回中短暂的安乐，而即使如此，即使只是一个人的短暂的安乐，似乎也很难实现。那么为什么不换一种态度和方式去避免痛苦，追求幸福呢?

寂天菩萨曾说，一心为众生着想的人，早已成佛，得到了究竟的智慧和解脱；而处处为自己打算的人，却还在无明和痛苦中流转。

为了一切众生离苦得乐并最终证得佛果而皈依，这从发心的角度说是大乘的发心，从誓言的角度称为果皈依。为了实现这个目标而以佛为导师，以法为道路，以僧为道友，坚定地随学三宝，称为因皈依。我们特别强调皈依时要发菩提心，因为在菩提心的摄持下，皈依自然包含了因皈依和究竟的果皈依，圆满无偏废。

皈依的时间是从现在起直至证得无上菩提，其间无论要经历多少世多少劫都誓不舍弃三宝。从这一点可以看到果皈依的必要。究竟的果皈依是为了一切众生最终成就佛果而立下誓言，一切众生也包括自己，所以究竟的果皈依也就是发誓为了一切众生，自己要证得无上菩提。

有了这种决心，无论遇到怎样的违缘，无论要经历多么漫长的修行，我们都不会退缩、放弃。而要成就佛果，我们需要随学三宝，因皈依也就必不可少。

◊4 皈依的方式：誓言与修行

皈依的方式包括誓言皈依和修行皈依。

誓言皈依是在佛像、经书等三宝所依面前，由戒律清净的出家人主持皈依仪式，念诵仪轨，受持皈依戒，发誓从此以后以佛为导师、法为道、僧为道友，永不舍弃三宝。以后在平时则可以自己于皈依境前念诵皈依偈，温习皈依的誓言。

修行皈依是依照这个誓言，在实际修行中唯一随学三宝。

社会上很多人认为心好就行，不害人就是第一好人，何必学佛。大家可以静下心来诚实地省察一下自己的言行，起心动念总不离贪嗔痴，如何能夸口说心好？每一天的所作所为，有意无意间给众生造成了多少恼害，有多少不予取的行为，说了多少妄言绮语，又如何能自诩为好人？不学佛，不知道看护身心，不知道圆满的因果取舍的道理，如此在不知不觉中造业，循业流转，不由自主，终究是既不能利己也无法利他。

关于皈依，有一种比较流行的看法是内心皈依最关键，只要心里皈依就行了，不必那么注重形式参加皈依的仪式。这个想法只有部分正确。

有皈依的愿望，在心里发誓皈依三宝，的确非常重要，但是要获得圆满无缺的皈依戒体还需要其他条件：皈依戒一般而言要在三宝所依前求受，也就是前面所说的要在佛像、经书前，由授戒师按照仪轨传授皈依戒。其次，在授戒师传戒时，求受者对自己已经获得了皈依戒体有一种确信。这确信是很关键的，若只是对佛教有好感,有皈依的愿望甚至决心,但没有如法的皈依仪式，你就不会对自己已得戒体有确信。换句话说，你内心对自己是否真正算皈依了三宝这一点是模糊，不能确定的。

如法的皈依仪式，皈依的愿望，皈依的誓言，得戒的确信，这些条件缺少任何一个，都不能获得圆满无缺的皈依戒体。戒体无形无色，是否得到戒体，外在很难判断，而得戒者心里自有了知、确信。

是不是皈依了，要看有没有得到皈依戒，不在于是否有皈依证，然而也不能因此就彻底否定皈依证存在的意义。对一些居士来说，小心珍藏的皈依证寄托着他们很多的情感，其中有对三宝的信心，有对自己的鞭策和鼓励，有精勤持戒的提醒，或许还有某段岁月的记忆。这样一张皈依证对于他们就不仅仅是一种形式或是向人炫耀的资本。

此外，皈依证上一般都印有佛像、经文，纵然它没有别的作用和意义，仅凭上面的佛像、经文等，就该是佛弟子恭敬顶礼的对境。

所以，我们看问题不要走极端，要么认为皈依证必不可少，要么认为皈依证一无是处。其实，皈依证有也好，没有也好，只要受了皈依戒，就是三宝弟子了。

《根本说一切有部百一羯摩》中，皈依的仪轨是这样的：求受者顶礼三拜，在本师释迦牟尼佛前，蹲踞或长跪，合掌，跟随授戒师说皈依戒语：

大德一心念我，我某甲（各称法名或俗名）始从今日，乃至命存，皈依佛，两足尊；皈依法，离欲尊；皈依僧，众中尊。请大德，始从今日，乃至命存，摄我为受三皈戒居士。（重复三遍，在第三遍念到“摄我为受三皈戒居士”时，授戒师弹指，这个时候每个受皈依的人一定要观想在听到弹指声的同时，自己获得了圆满的三皈戒体。）此乃方便（授戒师说），善哉（受戒者说）。

这是佛陀亲口宣说的皈依三宝的誓言偈文，意思我简单解释一下：

皈依佛，两足尊：

“两足”指长有两足的有情。“尊”是殊胜、尊胜的意思。“两足尊”即两足的有情当中最尊贵殊胜的。

皈依法，离欲尊：

“欲”是指扰乱众生的心，使众生心不调柔、不自在，与解脱、圆满觉悟相背离的所有烦恼障、所知障等障碍。在所有对治“欲”的方法中，法宝是最为殊胜有力的方便。

皈依僧，众中尊：

“众”指集会、团体。僧人和合共住，成为僧团，全身心投入佛法的修学，护持延续法宝，功德不可思议。在所有团体中，最尊贵、殊胜的是僧团。

究竟上，佛、法、僧三宝是一体的，不能在三宝之间有取有舍。比如，只皈依佛宝、僧宝，不皈依法宝，认为闻思经论是不必要、没意义的；或者只皈依法宝、僧宝，不皈依佛宝，认为礼佛、供佛、忆念祈祷佛宝等近似迷信举动，只有无知无识的人才做，而有学识的人是不会那样做或不必要那样做的。

每个人的习气、爱好不同，有人喜欢念佛，有人喜欢闻思，有人喜欢参禅，但不论以怎样的方式修学，都应完整、平等地礼敬、供养、皈依三宝。

平时应该常常想："无论苦乐好坏，我都一心一意皈依三宝。"

经历顺境，当了知这是三宝的慈悲加持。佛在经中说，世间安乐、美好的一切，乃至烈日酷暑中的习习微风，自相续中生起的一刹那善念，都是佛的悲悯与加持。

经历逆境，当祈祷三宝加持自己有勇气、有耐心，怀着慈悲去面对困境，并且了知目前所经历的困境是自己往昔造作恶业感应的结果，因为三宝的加持，重罪轻罚，自己才能在有承受能力的今生此时感受果报，清净恶业。

为什么在一切苦乐际遇中都应感念三宝的恩德呢？

我们经历的一切都是自己之前造作的业因在条件成熟时显现的果报，现在的安乐是之前（包括今生和前世）行善积累了福德的结果，而因为佛的教化我们才知道行善。

久远劫以来，无数佛出兴于世广转法轮，开示解脱乃至圆满觉悟的道理。在无尽的轮回中，我们必定曾经有幸值遇过佛，接触过正法的光明，或者无意之间礼敬、供养过三宝，种下了善根，不论这善根多么微小，都会在我们的识田中留下印记，因缘成熟时便会结出善的果实，我们因而感受安乐，生起善念，做出善的举动。

有的人虽然现在不信佛，但心地善良，常行善法，这便是他们的习气使然，在阿赖耶识中有善的种子，而这种子是无始以来在三宝前播下的。有了善因，在因缘具足时才会有善果。

比如受用丰足的因是供养三宝和布施众生，如果从来没有上供下施的话，今生即使再怎样勤苦劳作、算计筹划，也很难有丰足的财富、受用。

大家日常生活中可以去观察，人与人在福报受用上的差别很大，并且这种差别不完全是分配制度、社会环境、家庭背景、个人性格、勤奋与否等决定的。当然这些因素也会发挥作用，这些是缘，要与因和合才会显现果报。

现在经历的逆境，像疾病、贫穷以及种种磨难，也都是前世今生造作了恶业，种下了恶因，如今因缘成熟显现的果报。

像着凉感冒这样的小病，如果没有要感受病苦的业存在，即使缘全部具足也不会感冒。别的疾病也是这样，相同的影响因素、相同条件下，有的人会得病，有的人不会。生病与个人体质强弱也没有必然联系，有时身体素质很好的人也会得重病。

无论什么都要因和缘具足才能显现，生活中其他的困境也是如此。

当我们遇到困难，一方面要知道这是因缘具足的显现，自己之前造作的因加上各项条件成熟了；另一方面要感谢三宝的教导和加持，自己现在断恶行善、谨慎取舍，使得各种缘向善的方向改变。就像一颗种子要最终结出累累硕果，必须有适当的土壤、阳光、雨水等条件才行，否则结出来的果实就不好。同样的，我们改变了缘，之前的恶因结出的苦果必定也随之改变，尽管依旧是一枚苦果，但它的大小和苦涩的程度已经是改善了太多。

我们无始以来肯定造作了无数下堕三恶道的业，而现在由于佛的悲悯加持，我们努力忏悔业障、积累福德，一些本需在三恶道感受的漫长而剧烈、无法承受的痛苦，便在今生以比较短暂、微弱、可以忍受的形式显现。

你或许会说，好吧，生活中的遭遇可以这么去理解，可是像享受温暖的阳光,感受清风拂面,这也是由于三宝的悲悯加持吗?阳光、树荫、风这些不是客观存在的自然现象吗?

其实，我们作为人所觉知到的一切，只是人道众生面前的显现，而在其他有情的境界中不是这样。比如太阳、月亮，在人的境界中是天经地义、不以人的意志为改变的存在，而在中阴身的世界里却根本不存在太阳、月亮。照在我们身上煦暖的阳光，照在一些饿鬼道众生身上却冰冷彻骨。人类眼中如水的月色，在一些饿鬼道众生的觉知中却是燃烧的火焰。人所觉知的水，在天人的觉知中是甘露，饿鬼道众生觉知的是脓血，地狱众生觉知的是铁浆。

我们在此时此刻能感受到的种种美好、愉悦的事物之所以是现在这样，完全是因为我们在人道。我们今生能投生在人道，是因为往昔积累了善根福报，而能积累善根福报，是因为无始以来诸佛出兴于世使我们或远或近地有了积累资粮的机会。

有幸在今生再次值遇佛法，我们要倍加珍惜，不再错过解脱的机会。一心皈依三宝，行住坐卧、时时处处随念三宝。享用饮食时，将三宝观想于自己喉间，以饮食的美味作供养。入眠时，意念三宝，观想三宝安住在自己的头顶，心中充满了信心。看到美妙的景色，在心里将此情此景供养三宝。得到任何好东西，心爱之物，都诚心意念供养三宝。

在白天的种种情境中能不忘皈依三宝的话，在梦中遇到急难恐怖时也能皈依三宝。如果在梦中能做到这样，那么在中阴界也很容易做到。如此一心一意随念皈依三宝，今生来世都会在安乐中。

如果暂时还做不到这样，那么至少要做到不舍弃三宝，这一条可以说是皈依戒的底线。

很多人站在佛门外面犹犹豫豫不敢皈依，主要是怕皈依后有太多约束，从此再也无法摆脱。皈依的确是一件应该慎重对待的大事，皈依之前要认真考虑，看自己是否能做到不舍弃三宝，如果能做到这一点，就可以皈依。

有人说佛教是最讲民主自由的，皈依之后如果发现佛法不合自己的脾性、意乐，不想继续学下去，完全可以再去皈依别的宗教，不会有人阻拦。的确，佛教不会限制信徒的自由，如果有人皈依三宝后又舍弃三宝，什么都不信了，或者改信别的宗教，他完全有这个自由，但是舍弃三宝是违犯皈依戒的，破戒会有破戒的果报，因果不虚，自然感降，不是人为的惩戒，是自己的所作所为感应的必然后果。我知道这么说肯定会让一些人失望。

我们前面讲过，皈依戒其实是比较容易守的，只要不舍弃三宝就没问题，如果连这一点都做不到的话，那实在也没有别的方便之法可打消一些人的顾虑了。

皈依是许下依止三宝的诺言。常言道："君子一言，驷马难追。"世间做事也讲究信守承诺，说到做到，最好不要变来变去，这是常理、常情。学佛也是这样，守住诺言并不是什么不可达到的不合理的要求。

至于进入佛门后会不会发现没什么可学的。这个顾虑大可不必。佛门有教无类，不论什么样的根器、意乐都能找到相应的法门。佛法浩如烟海、包罗万象，一切世间出世间的知识、智慧都尽在其中，可学的太多了。若是真心求学，不怕没的学，只怕学不过来。

◊ 5 皈依佛宝：圆满的智慧、慈悲的力量

皈依佛，即以释迦牟尼佛及十方三世一切诸佛为导师，从今往后，无论顺境、逆境、快乐、悲伤、安适、怖畏，直至成佛之时，永不舍弃佛宝，不再归投其他的导师，不向他处寻求引导、庇护。

为圆满地皈依佛宝，应注意以下几个方面：

第一、皈依佛之后，不再依止其他导师，不再向他处寻求引导、庇护。

从果皈依的角度说，皈依佛意味着决心成就无上正觉，因此不再以其他的人天福报、神通、禅定等作为自己的目标。

从因皈依的角度说，佛宝具有圆满的救度众生的智慧、慈悲和力量，佛宝的救护遍一切时、一切处，遍一切众生，无有遗漏。而诸如天神、地神乃至人间有威势者虽然也能在一定时间、一定范围内、一定程度上帮助某些众生解决问题，但是这种救度是暂时、有限的，并且他们自己尚在生死流转当中，承受无明烦恼之苦，根本无法帮助其他众生真正止息轮回的痛苦。

有的天人寿命极长，远超出凡夫的计数概念，而在福报耗尽之时仍不免要面对死亡，死后受生，随业流转。如果说时间、空间跨度太大，无法现量见到，难以为信，那么看看人间有威势者，权威鼎盛之时，呼风唤雨，不可一世，他周围沾亲带故的人都能

得到好处，想办什么事都容易，然而富贵荣华不可常保，寿命旋尽，威势散尽，那时自主尚不得，自顾尚不暇，哪里还帮得了他人。现在这种例子非常多，举目皆是，大家稍加留心就能看到。把人间的情形扩大拉长，就能想象到天神的状况。

对待神灵，我们的态度应是不信奉但不妨恭敬。人有德行，死后才能转生为神、为天人，何况有一些神灵本身也是皈依佛门、发愿护持佛法的。我们虽然不归投、依止他们，但要有基本的尊敬，不要随便批评、轻侮。《法华经》中常不轻菩萨对众生一律平等恭敬，我们也要随学菩萨。神灵未出三界，仍属轮回众生，所以我们应该以平等恭敬一切众生的心态去对待神灵。

大家不要把佛、菩萨、神混为一谈。佛菩萨已超出三界、了脱生死，而神无论能力多强、福报多大、寿命多长，都还是在轮回三界当中随业浮沉，因为他们不知道缘起性空的道理，无从了断生死轮回。

要解脱轮回，只能皈依佛，修学佛教授的法，依止僧团和登地以上的菩萨，而要成办世间的事情，可以请求具有相应能力的神灵给予帮助，但终究不如直接祈祷佛菩萨妥当、有效。观音菩萨三十二应遍尘刹，千处祈求千处现。

有人觉得祛病消灾，求神有时更灵验。我想这是心诚不诚的问题。诚心求神，能感应神的护佑；诚心求佛，能感应佛的护佑，而佛的护佑加持更持久、圆满。比如从成都去北京，开车去的话，出门就上车，又快又方便，如果是坐飞机去，还要先去机场等飞机，但总体来看，坐车和坐飞机，哪个更快、更方便、更不辛苦呢？当然是坐飞机。如果最终的目的地不是北京而是大洋彼岸的话，那么仅仅坐车根本就到不了，而坐飞机能到。

皈依三宝使我们获得世间暂时的安乐和出世间究竟的安乐，无论是为世间之事还是为求解脱，我们一心皈依、祈祷三宝都能得偿所愿。

第二、以释迦牟尼佛及一切诸佛为导师，皈依的是十方三世的法身佛、报身佛、化身佛，不可只皈依其中一部分，或者在佛与佛之间有取舍。

比如，只皈依释迦牟尼佛，而对自己不太熟悉或所在地区不太普遍供奉的佛，如燃灯佛、普贤王如来、金刚萨埵佛等，则没有什么恭敬、皈依之心。或者发愿念佛往生的人，一心专念阿弥陀佛，这本来是好事，阿弥陀佛集十方三世诸佛的功德于一身，念阿弥陀佛也就是念诸佛。但如果没有这个正见，而是以排斥之心只皈依阿弥陀佛，只念阿弥陀佛，认为没必要皈依其他佛或者念其他佛没有意义，这就与皈依佛宝的学处相违背。

现在有些人很有意思，根据自己的理解把佛菩萨分门别类，各司其职。文殊菩萨是专管考试的，药师佛专管病人，黄财神管生意上的事，阿弥陀佛负责临终关怀，观音菩萨的职责范围比较广，结婚生子、生老病死都管。正是因为有这样的理解，才会有人告诉病人家属：可不能念阿弥陀佛，念阿弥陀佛会把人念走的，观音菩萨救苦救难，要为病人念观音菩萨，病就会好起来。这真是让人啼笑皆非！

学佛的人要有正信正见，虽说不是所有佛弟子都必须深入三藏，通达经论，但基本的佛法、佛教最基本的见解还是应该了解，否则连皈依戒都很难圆满地持守。

第三、佛塔、佛像等是佛的种种化身，是我们顶礼供养的对境。即使佛像破损的碎片，我们也应该对之有敬信心，以头顶戴，放置于干净之处。若认为佛塔、佛像等未经开光就只是普通物品，无须恭敬对待，则是不对的。还有人把佛塔、佛像等作为普通财物进行买卖以牟利，这样做的果报非常严重。此外，佛塔、佛像的外形、尺度、比例等都有相应的规制，不可根据自己的喜好或想法随意改变。我有时看到现在的一些艺术家绘画或雕塑的佛像，创新太多了，我都不知道他画的是哪尊佛。自古以来佛教造像就很讲究，画师、工匠等需要经过特殊训练才有资格塑画佛像。佛像塑画完成之后，不可以对之妄加批评，比如说“这尊佛像不庄严”或者“手脚太大、太小”，等等。这个问题大家要特别注意。

◊6 皈依法宝：三藏与三学

皈依法，即按佛所教授的一切正法做真正的修习，从今往后，无论顺境、逆境、快乐、悲伤、安适、怖畏，直至成佛之时，不舍弃正法，不依止佛法之外的教法。

为圆满地皈依法宝，应注意以下几个方面：

第一、不再皈依佛法之外的教法。

这需要首先了解什么是佛法，才好确定什么不是佛法。前面我们讲到，佛教的法门虽多，归纳起来，不外乎教法和证法。教法为经、律、论三藏，证法为戒、定、慧三学。与三藏、三学相抵相违的思想理论和实践体系，佛弟子不能皈依信奉，不能以之作为自己修行的指导和参照。

如果大家一时不能了解三藏三学的内容，那么简单的方法是以四法印为标准，这是佛教最基本的教义，若与之相抵相违的，就不要皈依、随学。

四法印即诸行无常、诸法无我、有漏皆苦、涅槃寂静。

一切因缘和合的事物都是刹那生灭、无常的，一切依赖于内外条件而生成、显现的事物都没有独立、实在的自体，刹那生灭、无常的事物都不离苦的本质，贪嗔痴等烦恼彻底息灭方能达到无苦安稳之境地。

以四法印去衡量，就知道什么样的见解是背离解脱之道的。比如认为存在一个常一主宰的“自我”（灵魂），事物不需要因缘便能生成、存在，无常的事物具有乐的本质，或者认为通过其他方式，甚至是通过强化贪嗔痴等烦恼可以获得究竟的安乐等，这些见解都是与佛法相违的，如果用它们来指导修行（包括日常生活），我们的见行便会与离苦得乐的目标越来越远。

现在社会上各种各样似是而非的学说、理论特别多，有些借用佛教的名义，套用佛法的名词，实际宣扬的却不是佛法，不是引导人趣入解脱道的正知正见，还有一些人没有经过系统的闻思，修证也欠缺，只是根据自己的想法解释佛经，往往与经文原义出入很大。对于刚刚进入佛门对佛法还不太了解的人来说，要区别分辨的确非常难，比较稳妥的做法是闻思佛经、律藏、佛教论典以及公认的大德撰写、讲述的开示。

第二、皈依佛陀教授的一切正法，而不是其中一部分法。

有人在皈依之后会说“我皈依的是藏传佛教”或者“我皈依的是汉传佛教”，这种说法本身就自相矛盾，既然皈依，就是皈依佛、法、僧三宝，三宝不分藏传、汉传，都是一样的。

法宝指佛陀教下的一切正法，包括大乘、小乘、显宗、密宗等，这些都是佛陀智悲境界中流露出来的妙法。

你可以说你修学的是藏传佛教的某法门或者汉传佛教的某法

门，而讲到皈依，则是皈依全部佛法，不能认为自己皈依的只是藏传、汉传，大乘或小乘。

佛陀根据众生不同的根机、意乐、因缘，传讲了八万四千法门，每一个法门都或直接或间接地指向解脱。就个人修行和解脱而言，选择与自己最相契的一个宗派、一个法门，一门深入地修学，就能够解脱。同时，作为大乘佛子，我们誓愿度化一切众生，众生千差万别，所以要“法门无边誓愿学”，才能以不同的方法应机随缘度化众生。这里所说的修学无量法门，并不是要大家现在就做到，而是立下一个誓愿，然后随着自己智慧、悲心、能力的不断增上，一步一步去实现。

普通人时间、精力、能力有限，所有法门都一一去学是不可能的，但是在专修一个法门的同时，要对所有法门平等地恭敬、信仰，不能排斥甚至毁谤其他宗派、法门，否则便有谤法、舍法的过失。

另外，皈依法宝意味着同时皈依佛的教法和证法。作为三宝弟子，不能只恭敬、顶礼、赞叹、皈依经律论等教法典籍，而不同等对待自他相续中生起的戒定慧所摄的一切证法功德；或者只随喜、皈依佛菩萨相续中戒定慧的功德，而不一样对待未证悟者相续中经闻思修产生的戒定慧功德；或者只顶礼、皈依证法，却未认识到证法功德是由闻思修教法而来，因而忽略、轻视了教法典籍。

第三、皈依法之后应断杀业。

佛法的宗旨是利益、救度众生，若伤害众生性命，则直接与法相违。《楞严经》云：“以人食羊，羊死为人，人死为羊，如是乃至十生之类，死死相生，互来相啖，恶业俱生，穷未来际。”佛法是引导我们出轮回的，而杀业令人深陷轮回。若能持守杀戒，自息杀心，则利人利己，与法相应。

杀生的行为会感应惨烈的果报，无论信佛与否，都应该尽力避免杀生。那么，什么是杀生？不小心伤害到众生的性命算不算杀生呢？

完整的杀业须具足四个条件：杀害的明确动机、具体的杀害对象、采取实际行动、实现了预期的结果。

首先，要有明确的害命的动机。如果是无意当中、不小心伤害了物命，虽然有果报，但不会承受完整杀生的果报。

其次，要有具体的杀害对象。比如，要杀这只羊或这条鱼，心里有很明确的目标。

再次，要真正采取了实际行动。若只是心里想一想，或者说，做好了杀的计划和准备，而最终没有采取实际行动，就不具足杀生的条件。

最后，实现了预期的结果，真正把对方杀死。如果起了杀心，采取了杀的行动，但并没有杀死对方，也不算造下完整的杀业。

只有四个条件全部具足才是完全意义上的杀生，须承受完整的杀生的果报。希望大家看了这段解释之后，对自己的行为能有更明确的判断。

世间一般人都有恻隐之心，佛弟子以慈悲为怀，更应该爱护众生，远离包括杀生在内的一切恼害众生的行为。

第四、法留存在僧宝的心里，外在的各种法本是法的所依。

皈依法后，对佛经等法本乃至其中破损散落的书页，只言片语，都应恭敬顶戴，视为珍宝。《金刚经》云："须菩提，在在处处，若有此经，一切世间天人阿修罗，所应供养，当知此处则为是塔，皆应恭敬作礼围绕，以诸花香而散其处。"

《金刚经》如此，一切法本也都应当如此恭敬供养。不要把法本直接放在地上，或者从经书上跨过，或者翻页时手指蘸唾沫，诸如此类不恭敬的行为皆应努力避免。

以上简单讲解了皈依法宝后应该避免的一些行为，那么应该做的又有哪些呢？怎样才是如理地受持法宝？

关于这个问题，法王如意宝曾经这样开示："你们首先需要认识到，佛法除了教法和证法以外再也没有别的内容；思维安乐、痛苦都是无常的，所以杂事、次要的事等都应该放下来，应当只是闻思教法、修行证法。

“所有的宗派都是佛陀的圣法，故应当无偏地观想清净，不能以对自宗贪执、对他宗抵制的心造下谤法的严重罪业。一切行为都不要盲目跟随浊世的众生，要按佛陀的律藏中所讲的那样行持，一切功德的所依是清净的戒律，护持三乘戒律要像爱护自己的眼睛一样。

“当今正值佛法衰落的时期，能通达一些正法的人不要一个人独善其身，应该发起勇猛广大的心，精勤讲经说法，在这个浊世再也没有比学法和弘法更殊胜的善法了。”

法王如意宝的开示是受持法宝的诀窍。

《涅槃经》云：“法是佛母，佛从法生。”佛的无量功德皆源自教法和证法。如今我们有幸值遇佛法，应当珍惜，精进地闻思教法，修行证法。即使是在家弟子，平时要顾及工作、家庭，琐事缠身,仍然应该想办法挤出时间来闻思修。佛法只有教证二法，除此以外没有别的，如果自称学佛却既不学经律论，也不修戒定慧，严格说来就算不得是在学佛。

法王如意宝在开示中还教诲我们，一方面自己要精进地学法，另一方面要尽己所能地弘法。

初学者对佛法的了解还很粗浅，修持上也没有扎实的基础，不具备直接讲经说法的能力，这种情况下如何弘扬佛法呢？

首先，精进地闻思修佛法本身就是在弘法，自相续中通过闻思生起证法的功德，自己这个众生便得到了利益和度化。度己的同时，我们身心的行为和变化将影响、感动其他众生，使他们也对正法生起向往之心，进而了解和修学佛法，这是度他。

其次，作为初学者，我们可以以适当的方式尽量向其他人推介佛教的法本，比如经书、大德开示等法本、光盘，网络转载等，使更多人有机会接触、了解佛法。这就是在弘法利生。

再次，祈请善知识长久住世，祈祷善知识弘法利生事业开展顺利。如果自己有条件和能力帮助善知识弘法利生的话，要努力去创造顺缘。另外，平时行持礼佛、供佛、忏悔、诵经、放生等善法时，将所有善根如法回向十方大德弘法利生事业顺利圆满，众生能尽早见到佛法的光明。这也是在间接地弘法利生。

法宝无比殊胜，恭敬抄写法本，以香花灯烛等洁净美妙的供品供养法宝及讲法的法师，听闻法师对经论的讲解，熟记、温习、讽诵经论，认真细致地阅读、思维经论，将经论中殊胜的见解转化为自心的见解，并不断串习，对治烦恼，这些都可以迅速积累福德，开发智慧。

◊7 皈依僧宝：皈依僧团，不是单独皈依某个僧人

皈依僧，即以僧团和证悟的圣者为修道的助伴，从今往后，无论顺境、逆境、快乐、悲伤、安适、怖畏，直至成佛之时，不舍弃僧宝，不依止其他的团体。

为圆满地皈依僧宝，需要注意以下几个方面：

第一、在修行中不依止外道团体，也就是说，在修行中不以其他宗教、教法团体作为自己的归属、依靠之处，不以他们传讲的教法、见地、理论作为自己的指导。

普通人容易受周围环境的影响，皈依之后应该避免和见地、生活方式与佛法完全抵触的人相处。然而这并不意味着要排斥、轻慢信仰其他宗教的人。

法王如意宝在《怀业时语讲记》中开示，若无极大密意，不应毁谤外道。如果能常常与志同道合、信仰三宝的人在一起，在闻思修上互相帮助、鼓励，修行上一定会有更快的进步。如果不得不跟信仰与己不同的人交往，我们可以在尊重其信仰、关怀其需求的同时，坚持自己的信仰和修行。但是对诋毁、亵渎正法，毁谤、侮辱上师的人，无论其宗教信仰为何，都应当远离。

第二、皈依僧是皈依僧团，而不是单独的某个僧人。

授戒师是代表佛陀教下的整个僧团为我们传授皈依戒，所以我们得戒之后应该尊一切僧人为师，对出家人平等恭敬。

有人觉得尊证悟的圣者或者持戒精严、闻思圆满的僧人为师没问题，而要尊没有开悟或者显现上戒律不太清净，学识、修养各方面不太理想的普通僧人为师，心里就不怎么能接受了。这个问题应该这么看：首先，我们自己没有神通，无法知道谁是开悟的圣僧谁不是，况且很多大成就者一生都隐藏自己的证悟功德，示现平凡的形象，甚至示现一些不如法的行为，仅从外在的表现是很难判断一个人的内证功德的，所以我们不要急于下结论，最好是观清净心，把一切显现观为清净。

其次，僧人剃须发、着僧衣的形象是僧宝的形象，我们礼敬这个形象是在礼敬僧宝。僧衣是僧宝所依，僧衣上即使一片布也是佛弟子恭敬的对境。以前，萨迦五尊之一的根嘎酿波大师路过一条小河，看见一群小沙弥脱了衣服在河里玩耍，大师对小沙弥说："诸位僧人请穿上法衣，让老居士我向你们顶礼。"这个小故事一方面展现了根嘎酿波大师的风范，另一方面也告诉我们僧衣的尊贵。一个人，且不论他自身的功德如何，只要穿着僧衣，就堪受礼敬。包括释迦牟尼佛在内贤劫千佛在金刚座示现成佛时，形象都示现的是出家相，可知出家形象本身具有殊胜密义和加持力。

再次，自己对之有信心的出家师，要多去亲近、随学；没有信心的，则不用太接近，以免自己忍不住又生出许多烦恼，但也不要批评、毁谤，还是应该恭敬，在家人对出家人应有的礼数还是要做到。

现在很多人看不起出家人，觉得人穷困潦倒、走投无路了才会出家。这其实是一种误解和偏见。

在藏地，自古以来，僧侣都是备受尊敬的。每个家族甚至每个家庭都会挑选自家最优秀的子弟出家为僧。在南传佛教国家，僧侣也是普遍受到社会的尊敬。每天当僧侣排队到城中人家次第乞食的时间到来，人们都会拿出特意准备的清洁美味的食品和各种供品，在路边恭候，向僧团做供养并献上自己虔诚的祈祷和祝愿，日复一日。这样的传统从释迦牟尼佛住世那时保留至今。汉地也有“出家乃大丈夫之事，非将相所能为”的说法，出家被认为是了不起的举动。自佛法传入以来，上至王侯，下至普通百姓，都欣然信佛、学佛，尤其社会的精英知识阶层，多深入研学佛法，对出家人以师礼对待，这种情形延续了千百年。

第三、不能因为个别僧人的言行而否定、毁谤整个僧团。

如果没有僧团结集佛陀的开示，延续护持佛法，弘扬法门，化度众生，我们就不可能在佛陀示现灭度后两千多年仍然有机会接触、修学佛法，走上解脱轮回的道路。对此绍隆佛种、续佛慧命的僧团，我们应深深感恩，不要把个别僧人的言行扩大到整个僧团，简单粗暴地断定佛陀教下的僧团不值得信赖、依靠。

皈依是修行的开始，是修行的过程，也是修行的结果。

皈依的功德利益不可思议。真诚地皈依三宝，今生可遣除一切损恼，后世将解脱轮回的痛苦，获得圆满觉悟。《无垢经》云："皈依之福德，若其具色相，遍满虚空界，彼将胜虚空。"希望大家入佛门后，常勤精进，随念三宝，颂扬皈依的功德，劝人悉发皈依之心，以报答佛恩，惠利群生。

小记：

近来持续放生过程中，每每见到牛羊等众生被残酷宰杀的情景，见到世上有些凡愚之人以强凌弱，或为蝇头小利，或为口腹之欲，伤害生命，造作恶业的情景，我心里都非常难过。众生恶恶相报，轮回不止，如果能皈依三宝，懂得取舍因果，杀心自然息灭，杀业不起，离苦得乐有望。又平时常见众人对皈依多诸误解，学佛之人也多有不知如何持皈依戒的。因而写下此文，希望在解答疑问的同时，唤起更多人的向善、皈依之心。

以此功德回向被放生、被宰杀的动物，运输、贩卖、宰杀动物的人，参与、随喜放生的人，以及六道轮回中一切众生。愿众生早脱苦海，获得安乐！

希阿荣博完成于藏历水龙年冬

第四章

同生极乐国

——往生四因浅说

芸芸众生，

肯回头的有几个？

顶礼与阿弥陀佛无二无别的

大恩根本上师法王如意宝！

◊1　有世界名曰极乐

“尔时佛告长老舍利弗，从是西方，过十万亿佛土，有世界名曰极乐，其土有佛，号阿弥陀，今现在说法。舍利弗，彼土何故名为极乐，其国众生，无有众苦，但受诸乐，故名极乐。”

——《佛说阿弥陀经》

阿弥陀佛的净土具有不可思议的功德庄严，无量无数无边世界诸佛如来皆共赞叹，十方世界天人归仰。在我们这个世界，自古以来，往生极乐者不计其数，倡导净土法门的圣者善知识代有人出。

《大乘入楞伽经》（七卷）云："未来世当有，持于我法者。南天竺国中，大名德比丘，厥号为龙树，能破有无宗。世间中显我，无上大乘法，得初欢喜地，往生安乐国。"说的是吉祥怙主圣者龙树。龙树菩萨在印度接引了无数众生到极乐净土。在雪域西藏有乔美仁波切降临人间，据《乔美仁波切传记》记载，凡与之结缘的众生，连牦牛和狗都往生到极乐世界。

近代藏地的大德，如蒋阳钦哲旺波、华智仁波切、麦彭仁波切等，都大力倡导净土法门。

当代，我的大恩根本上师法王如意宝也是秉承他的上师托嘎如意宝、嘛呢喇嘛巴玛斯德、喇嘛多扎等的传统，在各地大力倡导持念阿弥陀佛圣号。

法王如意宝最大的心愿是把所有与他结缘的有情都接引到极乐世界。他老人家住世时在喇荣五明佛学院、道孚和新龙举行过三次大型的极乐法会，参加人数分别超过四十万、六十万和七十万。此外，他还主持过许多规模稍小的极乐法会。

法王如意宝综合藏地流传较广的修净土法门的传统，带领大家或在《普贤行愿品》的基础上共同修持净土，或做阿弥陀佛灌顶并以全知麦彭仁波切的《净土教言》做引导，或结合《极乐愿文》讲解净土法门和《大阿弥陀经》，以各种方便帮助大家对阿弥陀佛极乐世界生起强烈的信心和欢喜向往之心，并通过共修迅速积累往生的资粮。第一世多智钦仁波切菩提金刚在两百多年前曾授记：凡与法王如意宝结缘者皆生极乐刹土。

因为上师法王如意宝的功德力，我和我的师兄弟们在各地弘法，倡导人们共修净土法门，持诵佛号，发愿往生，包括扎西持林在内的许多地方都形成了定期举行极乐法会的传统。我知道这都是上师不可思议的加持。作为法王如意宝的弟子，我们应该随学上师的发愿，尽己之力引导众生往生弥陀净土。

往生阿弥陀佛净土之因归纳起来有四点：明观福田、积资净障、发菩提心、发清净愿。这往生四因不是后世之人自己想出来的标准，在《佛说无量寿经》(以下简称《无量寿经》)中，阿弥陀佛第十八愿、第十九愿和第二十愿，及后文中三辈往生等内容，《佛说观无量寿佛经》(以下简称《观经》)中，净业正因及九品往生等，都明确记述了此往生四因。

◊2 明观福田：念佛念净土

具体来讲，明观福田就是观想阿弥陀佛和极乐净土。

为引导根机不同的众生，阿弥陀佛显现了不同的形象。我们可以观想阿弥陀佛的站像，也可以观想坐像，可以观想单独的阿弥陀佛，也可以观想西方三圣：阿弥陀佛、观世音菩萨、大势至菩萨，或者观想无数菩萨眷属围绕在阿弥陀佛的周围。

《观经》《无量寿经》等经典中对阿弥陀佛的相好和极乐世界的功德都有详尽描述，大家应认真参考阅读，一步步练习观想。

我们还可以请一幅阿弥陀佛的唐卡，反复仔细地看，使画面印刻在脑海中，到最后即使闭上眼睛，阿弥陀佛的形象也历历在目。当然，能清楚地观想出阿弥陀佛的身相，自然非常好，这不必说，但是如果观想不清楚，也不用着急，能忆念阿弥陀佛也很好。

正如《观经》中说："然彼如来宿愿力故，有忆想者，必得成就。但想佛像，得无量福，况复观佛具足身相。"拉喇曲智仁波切在《极乐愿文大疏》中也说，甚至仅仅了知而忆念极乐世界的花、树、水、地或那些鸟类的功德，也可清净意障并积累广大福德，因为这些都是阿弥陀佛愿力和福德力所形成的，所以与观想真佛一样有无量功德。

我们应该反复忆念、观想，养成习惯，行住坐卧间，醒时、梦时、欢喜、悲伤，特别是恐惧时，都能习惯成自然地想起阿弥陀佛，祈祷呼唤阿弥陀佛。养成这种习惯对我们来说至关重要。

有人说，我现在不必念佛，等到临终时记得祈祷阿弥陀佛就行了，经中写得很清楚，临终时专心念佛，只要能做到十念，也能往生。经中所说的确不假，若人临命终时，真能做到心不颠倒散乱，一心念佛，一心求生净土，则必定能如愿往生。但问题是，如果没有平时养成的习惯，没有日积月累形成的坚固信念和意愿，临终四大分离极度痛苦、极度散乱之时，要做到心无旁骛念佛求往生，实在是太难了。

大家不信，可以看看自己平时在梦里和疾病中的表现。梦中感受恐惧和痛苦时，我们会不会呼唤、忆念阿弥陀佛，祈求佛的救护和安慰？是不是每一次当我们梦见恐怖、痛苦的情景，都会这样做？

如果没有，临终的痛苦和恐惧远比梦中更为强烈迫切，我们如何能保证自己临终的反应会比梦中更镇定？再看生病时，大的疾病不用说，仅是一般的感冒发烧，症状比较重的时候，心力体力微弱，平日里念得很熟的心咒、佛号这时要提起来、要专心持诵，都会感觉有困难，念不了几句心就散了。

临终时，一切诸根悉皆散坏，一切亲属悉皆舍离，一切威势悉皆退失。那将是怎样的惊慌失措和痛苦无奈！我们怎能保证自己在那个时刻能心不散乱于剧痛、惶恐中？看看生活中自己所知道的，有几个人在将死的时候是清楚明白的？

我们不能心存侥幸，平时就要反复串习，养成祈祷阿弥陀佛的习惯，这样临终时才能更顺利地忆念起阿弥陀佛。

全知麦彭仁波切在《净土教言》中讲到修净土法门的诀窍：白天应勤修七支供，持念阿弥陀佛圣号、心咒，祈祷阿弥陀佛；晚上临睡之时，观想自己住于极乐世界并亲见阿弥陀佛，在猛烈的希求心中入眠。

小时候每当我们害怕、伤心，遇到任何困难，都会去寻求父母的庇护，因为父母爱我们并有能力帮助保护我们。同样的，在轮回的痛苦怖畏面前，我们的力量多么弱小，依靠自己或者其他仍在循业流转的众生，我们是无法真正脱离痛苦的。

“如佛所说，若自有缚，能解彼缚，无有是处。”自己被五毒烦恼绑住，不得自由，而能帮助别人解脱束缚，没有这种道理。只有已经摆脱烦恼束缚的佛菩萨才有能力保护、帮助我们，准确地告诉我们如何出离轮回。阿弥陀佛的悲心、愿力和我们自己的信心、愿心结合起来，能帮助我们离苦得乐，临终心不颠倒往生极乐世界。对于这一点，希望大家不要有疑悔。

◊3 积资净障：积累资粮、清净业障

如何才能有坚定的信心、愿心呢？这需要福德，而福德来自积资净障。积累资粮，清净业障。

能迅速积累无边资粮、净除罪障、增上善法的摄要就是七支供：礼敬诸佛、广修供养、忏悔业障、随喜功德、请转法轮、请佛住世、普皆回向。

（一）礼敬诸佛。

在佛前恭敬顶礼，既是迅速积累福报的方便法门，又是对治傲慢的有力方法。藏地有句俗话：傲慢的山上留不住功德之水。傲慢使我们看不到自己的过失，也看不到别人的功德，所以很难在修行中有踏踏实实的进步。佛法在恭敬中求，多一分恭敬，消一分罪业，增一分功德。

家里若有佛堂，供阿弥陀佛、释迦牟尼佛、观音菩萨、文殊菩萨，诸佛菩萨都可以，不是说发愿往生极乐世界的就只能供西方三圣。诸佛本体都是一样的，只是因往昔的愿力和有情的福德不同而显现不同的形象。

我们不要根据自己狭隘的观念去比较分别佛菩萨，认为佛与佛有高低优劣之分，或者说这是我的佛，那是你的佛。有人甚至

担心家里原来供着观音菩萨，如果再请一尊释迦牟尼佛像回家，观音菩萨就要不高兴了。佛菩萨可不像我们这样心胸狭窄，大家看那佛经上都是佛佛互赞，出广长舌赞叹彼此的功德，尽虚空遍法界无有间断。若某人在一佛前顶礼、供养，十方诸佛、菩萨众都齐声赞叹随喜其功德。

普通人往往喜欢走极端，是一就不是多，是多就不是一，一与多是无法通融的，然而知道了佛佛同体的道理后，就明白礼敬一佛也就是礼敬一切佛，礼敬此佛也就是礼敬彼佛。《华严经》(卷三）云："一切诸佛一法身，真如平等无分别。"

家里供一尊佛也好，供多尊佛也好，都不相碍。学佛要学得眼界、心胸越来越开阔、平等，而不应越学心量越小。

不仅仅是佛像，一切三宝所依如佛塔、经书、僧衣等，都是我们恭敬顶礼的对境。释迦牟尼佛曾经说过，他示现灭度后将现文字相，以教化后世众生，所以我们对佛经乃至其中破损散落的书页、只言片语，都应恭敬顶戴，视为法宝，放置于净处和高处。如《耳饰经》中所说："末法五百世，吾现文字相，意念彼为我，尔时恭敬之。"认为佛像、经书等若没有开光就只是普通物品，并没有加持力，也无须恭敬对待，这与皈依的学处相违背。

我们发愿往生极乐净土，需要常常观想、忆念阿弥陀佛，因此家里最好有阿弥陀佛的塑像、画像或唐卡，以便日夜观修。即便是只持佛名号、不修观想的人，也应该每天礼拜阿弥陀佛，随己之力拜佛若干拜，或在佛像前，或面朝西方。

外在的行为跟内心关系密切，内心的感受会体现在身体行为上,而身体的行为也会影响内心,所以我们通过顶礼来调柔内心，通过反复的礼拜来一点点磨灭心中的傲慢，使内心一点一点变得柔软、谦卑。

顶礼既是在表达内心的恭敬，又是在训练培养内心的恭敬。如果不明白这个道理，顶礼只是为了完成任务或草草走个形式，那就浪费了很好的修行机会。

曾有一位居士对我说："你们修加行磕十万个大头，花几个月的时间，膝盖脑门都磕破了，实在太笨！为什么不观想一下有十万个自己同时在磕头呢？这样只需要磕一个头就行了。"我听了这位居士的话，很为他难过，他学佛有十几二十年了，到现在还是不肯放下这一念投机取巧的心。

过去、现在、未来，藏地、汉地那么多修行者以磕头的方式礼敬三宝所依，经年累月，风雨无阻。他们不是笨，观想的方法他们应该也懂，我相信其中很多人每磕一个头都观想自己化身无数礼敬诸佛，但是他们仍然不辍礼拜，因为他们知道，通过观想能够迅速积累福德资粮、清净业障，这是殊胜的方便法门，但是却不可因此而偷懒、要小聪明。

如果以现在这颗被烦恼障蔽的心仅仅观想一下就可以完全替代积资净障的勤苦修行，那么观想自己成佛岂不是意味着自己现在就真的成佛了？当然不是。聪明人肯不要聪明，肯用最老实的办法做事，才叫了不起。

当下这一念，全然恭敬坦白，心口如一，心里恭敬，行为也恭敬。否则嘴上说“直心是道场”，行动上在佛前做礼拜也要跟佛菩萨讨价还价，磕一个头抵十万个，或者想方设法省力气，一心敷衍了事。心思这样曲折虚浮，早已偏离了修行之道。

我的上师才晋堪布的父亲索南朗加是一位大圆满的成就者，离世时全身化作虹光融于法界。他的证悟境界如此高深，而对看似基础的修行却也毫不懈怠，比如礼佛。

当年，他长时间精进地磕大头，把身下的地面磕出来一个长坑。人若匍匐于地，便会整个没入坑中看不见，可以想见那坑有多深。我想很多大成就者都是这样，内证已达不可思议的境地，而外在仍示现精进勤苦修行之相。

这全然不似有些人所想象的，虔诚礼佛只是初学者才需要做的功课，证悟者完全不会拘泥于这些小节。

在我家乡的扎西持林闭关中心有很多老人已经七十多甚至八十多岁了，有的腿脚不方便，有的身患疾病，而他们似乎并不在意自己的年龄和身体状况，仍然每天坚持磕大头。

老人们不认为年纪大或者身体不好应该成为不修行的理由，反而正是想到自己剩下的时间不多了，行动也越来越不方便，才更要抓紧时间积资净障，趁自己还能自由行动多磕一些头。

现在，汉地修五加行的居士越来越多，很多人都圆满了十万大头的修行。我知道有一位居士至今已磕了近两百万大头，精进、虔诚的程度令人敬佩！磕大头的这几年里，她变化很大，心相续日渐调柔，出离心也日益坚固，平时除了料理必要的家务外，大部分的时间都用来礼佛，尽量减少攀缘，电话也很少接打。

以前她常有这样那样的困扰、问题拿来问我，现在问题少了，跟我说得最多的一句话是“这一生如果不争取解脱的话，太可惜了”。

礼佛，心要谦恭，心谦恭，身语自然谦恭。礼的精神是恭敬。即使只是磕一个头，也要好好地先把心安静下来，不急不躁，在正知正念的摄持下进行。

礼拜时，观想手中有一如意宝而合掌（双手合起来如花苞，掌与掌之间有空隙，而不是紧紧相贴），以强烈的信心合掌于头顶，观想顶礼诸佛菩萨之身，愿净除自他一切众生的身障，究竟获得正等觉的无见顶相；合掌于喉间，观想顶礼诸佛菩萨之语，愿净除自他一切众生的语障，最终获得佛的法语螺音；合掌于胸前，观想顶礼诸佛菩萨之意，愿净除自他一切众生的意障，最终获得佛的智慧。

以清净的身口意恭敬顶礼诸佛的身口意，三业清净才能更好地感应佛的加持。《宝性论》云："犹如清净琉璃地，映现天主身影像，如是众生净心地，亦现能仁身影像。"心净则佛现，正如水清月现，水浊月隐。

身顶礼最好做到五体投地，就是额头、两肘、两膝接触地面，这表示顶礼佛的身、语、意、功德、事业，自己究竟获得佛的身、语、意、功德、事业等五种加持，并且无始以来由贪、嗔、痴、慢、疑五毒烦恼造作的恶业也得到了清净。这是五体投地的含义。

在佛前恭敬顶礼时，如果能同时观想自己化身无数一一遍礼十方三世一切诸佛则更好，这样身顶礼的时间和空间都扩大到无限，顶礼的功德也就无限。

语顶礼是以各种音声赞叹佛的无量功德。"各以一切音声海，普出无尽妙言辞，尽于未来一切劫，赞佛甚深功德海"。诵经、持咒、持佛号、传讲佛法等，以不同的形式传颂、赞叹诸佛功德。语顶礼能消除恶口障，得无碍辩才。

意顶礼是内心对阿弥陀佛及十方三世一切诸佛生起坚定的信心，对极乐净土有强烈的欢喜和向往。更进一步讲，深信诸佛无所不在，遍满虚空，一颗微尘中也有无数清净刹土，一一刹土皆有佛住持，菩萨眷属围绕。有这样的信解，就是意顶礼。

意顶礼不是指观想身体作礼，而是内心坚信诸佛菩萨遍满虚空。认为一切都是佛的清净刹土，这是非常殊胜深刻的见解。初学者虽然不能亲见，但只要有这样的念头，愿意相信，就是在礼敬诸佛，就能积累巨大的福慧资粮。

通过以上对顶礼的简单解释，大家可以看到，顶礼并非像一般人认为的那样只是宗教仪式，尤其在佛菩萨的塑像前顶礼，很多人都觉得那是偶像崇拜，也有一些稍懂佛理的人认为那是执著的表现，他们援引《金刚经》中的话，“若以色见我，以音声求我，是人行邪道，不能见如来”，以此说明顶礼佛像乃至三宝所依是不可取的，都是著相。

实际上，没有神通的人是无法判断人家礼佛礼的是外在的塑像还是内在的法身佛，是向外驰求还是礼敬自性。佛心、自性竖穷三际，横遍十方，“山河与大地，皆是法王身”，何以佛像就不是法王身呢？

佛陀说不要以色、以音声求如来，是为了破众生的实执，但佛陀并没有说应执无色、无音声。“无”也是偏执。因此观世音菩萨在告诉舍利弗尊者“色即是空”之后，紧接着又说“空即是色”。

实相“不住三际不离三际，不住五蕴不离五蕴”，“非相非无相，非取非舍”（《仁王护国般若波罗蜜多经》）。真正懂得“空”

的道理后，不但不妨碍起用身心常礼诸佛，反而更能体会礼敬诸佛的功德妙用。

（二）七支供的第二支是广修供养，对治的是贪婪和吝啬。

供养的形式多种多样，有实物供养、意幻供养、承事供养、法供养，等等。可以供养实际的物品，香、花、灯烛、净水、璎珞、宝物、饮食等，也可以观想把三千大千世界所有庄严美好的事物一一妙物皆堆积如须弥山王，全部供养于佛前。

有些人担心在佛像前供香花灯烛等，佛像又不会接受，那么供养还能有果报吗？首先,供佛一定能得善果,这一点毋庸置疑，否则就成为有因无果了。

《普贤上师言教》中说，曾有一头猪被一条狗追赶而转绕佛塔，又有虫从树叶上落入水中，随波逐流右转水中的佛塔，虽不是有心转塔，但以转绕之力，也都成为日后解脱之因。无意间礼佛都能种下解脱的善根，更何况是有心供佛呢？

其次，供佛时信心很重要，果报的大小与信心密切相关。如果你认为佛像只是金属、泥巴、木头、颜料做成的普通物品，你大概就得不到很大的加持，因为你没有信心。如果你相信佛像就是佛，只是由于自己的障碍而见到的是金属泥巴的形相，那么你能得到佛的加持，就像贡布奔那样。

以前西藏贡布地方有一个人叫奔，非常单纯。他去拉萨朝拜觉沃佛，一心以为庙堂之上坐着的就是觉沃佛本身而不是佛像，所以他跟觉沃佛说话，去转绕大殿时请觉沃佛帮他看着鞋，还请觉沃佛来年去他家里做客。他那没有矫饰和疑惑的信心感得觉沃佛像开口说话，并且真的去他的家乡作客了。

最后，修行都是在修心，我们供香花灯烛，供养的是佛，修养的是心，这一颗习惯于烦恼、贪吝的心在那时那刻欢喜了，宁静了。心里常常装的是庄严、美好，生活也会变得庄严、美好。

供养时内心清净很关键。不要觉得自己经济条件不好，就无法广修供养，其实，在佛前以清净的发心供一灯一烛都能积聚巨大福报。

从前，释迦牟尼佛和阿难尊者在化缘途中遇到两个小孩，他们当时正在玩用泥土建房子的游戏，并且说："这是房屋，这是仓库，这是如意宝。"这时孩子们看见佛陀走来，非常欢喜。一个小孩捧了一把说是如意宝的沙土来到佛陀面前准备供养，可是他太矮了，于是便对另一个孩子说："你弯下腰，让我站在你身上把如意宝供养到佛的钵盂里。"那个孩子照做了。

佛陀接受了孩子供养的沙土，让阿难把那些沙土和成泥巴涂在经堂的墙壁上，并授记："这个孩子以供养一捧沙土的福德，于我涅槃百年后转生为南瞻部洲的阿育王，另一个孩子转生为他的大臣，阿育王将在南瞻部洲建成八万四千佛塔。”

我们还能通过观想供养诸佛。麦彭仁波切曾作过一篇《鲜花供仪轨》，就是观想把漫山遍野的鲜花供养给诸佛菩萨。

由于无始以来的贪吝习气，有人在拿自己的财物供养后会生起后悔之心，因而损坏到供养的福报和善根，但如果是山谷里的鲜花，大概就不会那么容易生起贪吝心，供养时和供养后，内心都会比较清净。

以前舍卫城有一位施主家里喜得贵子，孩子出生时天降花雨，长大后出家，最后证得阿罗汉果位。这是他往昔身为贫女时，见到一片开满鲜花的草原以意念供养三宝的果报。之后于九十一世中转生于富贵之家，每次都有漫天花雨伴其降生。

承事供养是指以身体的劳作来表达对诸佛的敬意，比如清扫佛堂、做与佛法相关的义工等。说到这里，我不禁又想起扎西持林闭关中心的老人。

他们大多数比较贫穷，没有能力做实物供养。住进闭关中心后，他们非常开心，因为这里有庄严的佛殿、经堂，有充足的酥油可以做成供灯，每一个香炉里都可以点上妙香，这让他们有了很好的机会供养诸佛。

老人们每天欢喜地供灯、供水、供香，清洁打扫佛堂。夏季到来，他们便去山坡、路边采摘许许多多的鲜花，供在佛前或装饰经堂。有时候，他们转山回来，三三两两的，手里拿着一小簇花，有的放花到佛像前，有的放在玛尼堆上，有的则把花轻轻放在佛堂前的台阶上，然后满足地微笑着走开。

法供养，就是精进闻思修，以见、修、行的功德供养诸佛。“诸供养中，法供养最。”在所有供养中，法供养最令诸佛欢喜。

一切诸佛皆修供养，比如释迦牟尼佛往昔“于燃灯佛前，得值八百四千万亿那由他诸佛，悉皆供养承事，无空过者”。菩萨亦如是。阿弥陀佛不可思议的加持使极乐世界的菩萨们能在一念之间超过亿那由他百千佛刹，周遍巡历，供养诸佛，得大福德，所以那里的圣众积累资粮方便迅速，能很快成就佛果。

（三）七支供的第三支是忏悔业障，对治的是嗔心。

忏悔无始以来身语意造作的恶业。身的恶业为杀生、偷盗、邪淫，语的恶业为妄语、恶语、两舌、绮语，意的恶业为贪、嗔、痴。妄语是撒谎，欺骗。

恶语除了明显的恶口骂人外，还包括取笑、故意强调别人的身体缺陷，比如叫人“瞎子”、“瘸子”等等。两舌是指挑拨离间。绮语指说是非，或为消磨时间而说一些无意义的话。大家反省一下自己一天里语业当中有多少是恶业。

除语业外，身、意又造作了多少恶业。仔细观察之下，发现自己有意无意间造下的恶业实在太多，这些业阻碍着我们获得内在、外在的安乐，并进一步障碍我们从轮回中解脱，所以要远离痛苦、获得安乐，我们需要通过忏悔清净往昔造下的恶业。

忏悔不是嘴上随便说说就能清净恶业。或者今天忏悔，明天又再犯同样的过错。这种忏悔因为不具足四对治力，所以没有很大的效果。四对治力是指忏悔时有对境，有忏前戒后的心，有实际的行动。

忏悔的对境是阿弥陀佛、金刚萨埵等十方三世诸佛。观想佛真正就在自己面前，无所不知，慈悲地看着我们，耐心地等着我们鼓起勇气发露忏悔。

阿弥陀佛在因地时曾发愿："使某作佛时，令八方上下，诸无央数天人民，及蜎飞蠕动之类，若前世作恶，闻我名字，欲来生我国者，即便返正自悔过，为道作善，便持经戒，愿欲生我国不断绝，寿终皆令不复泥犁禽兽薜荔，即生我国，在心所愿。得是愿乃作佛，不得是愿终不作佛。"

我们要深信十方诸佛拥有拔除恶业的大威神力。阿弥陀佛现已成正觉，以智慧力成就了超胜稀有的极乐世界，他的大愿无不实现。所以往昔造作了恶业的众生，听到他的名号，真诚悔过，从此行持善法，守持戒律，发愿往生，愿心不绝，命终时便不会再堕三恶道，而是往生极乐国土。

我们以阿弥陀佛为忏悔的所依和对境，就是依靠阿弥陀佛不可思议的愿力，迅速清净业障，扭转堕落恶道的趋势，并创造往生极乐世界的殊胜缘起。阿弥陀佛有此一愿，我们要信佛力无边。

忏悔就要真正地悔过，对往昔造下的恶业，或此生，或前生，自作，教他作，见作随喜，能记起，或记不起，所有的这些恶业都真心追悔。这是第二个对治力：悔过。

四对治力像是四条绳索，把正在急速下堕的我们牢牢拉住，其中任何一条绳索断了，我们都会失去平衡而有重新下堕的危险。

悔过很难，人们常常觉得自己做的都对，即使不都对，至少也没有做得不对。对自己的所作所为心安理得，若有不好的结果，也是一味怪罪别人。而且，过去的已经过去了，多想无益，以后好好做人做事就可以了，不必那样认真地悔过。

有这种想法，说明还没有认识到恶业给自己和其他众生带来了多少痛苦，也没有认识到习惯的力量有多强大。前世之事我们已记不起来，但当时所造的恶业，部分结果此生可见。

“若问往世因，今生受者是”。这一生做的很多事也不能记起了，但还是要忏悔，因为不论记不记得，因果都在，我们都要承受其果报。

想到曾经的和现在的痛苦，想到未来将要感受的痛苦，心中充满了悔恨和歉意。悔过的时间跨度是无始以来至今，范围是贪嗔痴作用下身口意造作的所有恶业，真诚地在阿弥陀佛面前发露忏悔，绝不覆藏。

第三个对治力是戒后，下定决心从此以后不论遇到什么情况都绝对不再造恶业。

没有戒后的忏悔，效果不大。乔美仁波切在《极乐愿文》中说，缺少真诚的悔过和戒后，恶业无法完全清净。悔过为戒后奠定下基础，强烈的悔过心能坚定戒后的决心，而决心要靠行动来体现和巩固。身口意的行动就是第四对治力。

忏前、戒后、行动三者密不可分。

把戒后的决心落实到行动中，不能靠消极地不作恶。恶的习气力量非常强，无始以来不断熏习，很多恶习潜移默化，我们很难及时认出它，有时候自己造了恶业都不知道。所以有人说："我不造恶业，对得起良心就可以了，不需要再特意去行善。"这有点太高估自己的觉察力和行动力了。

对治恶业最有效的方法是行持善业。我们的心在一念中不可能同时既向善又向恶，当善念生起时，恶念自然就消失了，不需要你特意去消灭它。当善念的力量越强，持续的时间越长，恶念就越来越没有立足之地，偶尔冒出来也是力量微弱，不会带来大的干扰。

同样的，身体、语言行持善业的同时，就是在避免造恶业。

当你念佛、念百字明的同时，你不可能再去骂人，是不是？所以大家平时不辍持咒、念佛，这其中的功德暂且不说，光是语的恶业，就不知要少造多少。

如果说恶业也有好的一面，那就是它能够被清净，并且正如在何处跌倒就在何处站起来，造作恶业的地方反过来就能成为积累善根的地方。

（四）七支供的第四支是随喜功德，对治的是嫉妒心。

对过去、现在、未来诸佛菩萨所有的功德悉皆随喜。讲到三世诸佛，大家要知道，这包括五类有情：六道众生、声闻、缘觉、如来和菩萨，也就是“十方一切诸众生，二乘有学及无学，一切如来与菩萨，所有功德皆随喜”。

五类有情“所有功德”具体来讲包括一切六道众生布施、持戒、忍辱、禅定等的功德，一切声闻缘觉次第修行、证果的功德，一切如来从初发心到修十波罗蜜多、证入十地直至成佛的功德，一切菩萨从初发心到十地之间的功德。这种随喜横遍竖穷，平等广大，没有局限，没有取舍的偏执，是我们应该学习的随喜方式。

现在的人嫉妒心重，整个社会环境也鼓励攀比、竞争，几岁的小朋友就知道自赞毁他，然而嫉妒所消耗的能量远远超过随喜，强烈的嫉妒心带给人压力和不安，精神总是处于过度用力的状态，这样活着很累，少有安宁、快乐的时候。

人们想追求幸福，但却不知道怎样才能幸福，做出的很多事实际上都是在无谓地消耗自己的善根和精力。一方面，直接造成现在的生活质量不高，因为心态不好，外在的物质条件再好也鲜有安乐可言；另一方面，身口意造作的恶业使整个生命的相续呈下堕的趋势。

《楞严经》等经典中详细讲到何种身心行为导致何种生命形态，我们对比一下自己平常所为，就该知道自己在六道中是在往上走还是往下走。如果不借助佛的愿力和慈悲，很明显绝大多数众生的身语意业都是下堕。我们学佛就是学习改变自己无始以来最为习惯的那些思想和行为模式。

为什么要改变呢？因为正是这些想法和行为使我们困于轮回，持续感受苦恼。若没有佛陀开示，我们颠倒轮转而不自知，苦而不明白其原因。

佛经中有很多都是讲佛菩萨从初发心到证果之间旷世精勤修行的功德的。我们不要把这些内容当作一般的传奇故事匆匆看过，不要觉得佛菩萨发愿也好，苦行也好，跟自己都没有太大关系，又不能解决眼前的问题。

凡事只关注自己，只关注眼前，总是以这样的心去看待事物，去做事，生活的路会越走越窄，心越来越枯涩。读一读佛菩萨的事迹，看到他们的心量是多么开阔广大，我们会明白为什么自己的福报会这样小。

如果能心怀欣乐地去了解佛菩萨曾发下怎样的大愿，是怎样修行的，成就了怎样的功德事业，心里因此而充满了欢喜和感动，这样的随喜能帮助显发我们内在的佛性。

随喜功德还包括随喜一切声闻缘觉的功德。这一点自认为学大乘的人要特别注意。虽然声缘乘在发心和究竟见地上存在局限，但声缘乘修行人在解脱之路上所行一切善法功德是值得随喜赞叹的。发出离心，少欲知足，勤修戒定慧，直至伏断生死根源。

不要一说自己是学大乘的，就瞧不起声缘乘，不知天高地厚，仿佛声缘乘学的不是佛法。或者不敢随喜二乘的功德，害怕一随喜自己也就成了“自私自利的小根小器”。其实不用担心，对于初学者，大小乘的区别不在别的，只在发心。阿底峡尊者说，“大小乘以发心别”，正是为了遣除初学者心中的疑惑。只要发心正，发的是菩提心，就没有偏离大乘，缘的就是无上正等觉的佛果。

释迦牟尼佛为接引不同根机而宣演八万四千法门，有情随学任何一个法门所付出的努力、积累的功德，都值得随喜赞叹。二乘圣者部分或全部断除了烦恼，具大功德，堪为众生福田。

我们常常说“随喜三世诸佛的功德”，又说“愿一切众生悉皆成佛”，然而落实到行动中，却总是忘记众生将来都是要成佛的，或者说众生即是未来佛，所以随喜释迦牟尼佛、阿弥陀佛、观音菩萨、文殊菩萨等佛菩萨的功德，似乎比较容易做到，很少有人会嫉妒佛菩萨的，而随喜六道众生布施、持戒等功德却比较难。

别人做得比自己好，比自己精进，比自己慷慨大方，理解佛法比自己深入，就会觉得不舒服，即使表面上不表现出来，心里也会想，“其实他也没什么了不起，根本没那么好”。

这样做实在很不聪明，你的嫉妒损害不到别人，只会损害自己的善根，而如果真心实意随喜的话，你本来可以得到对方的功德。随喜一种善能显发自心同类的善根。

佛法的善巧方便使积累资粮变得多么容易，只要一念随喜就能积累无量功德。

（五）七支供的第五支是请转法轮，对治的是愚痴。

至诚祈请诸佛菩萨包括在世的善知识转法轮、开示正法。当年释迦牟尼佛成道后，四十九天内不曾讲法。因为佛法深奥，众生难解难信，有些众生还可能因不理解而对佛法生邪见、断善根，所以佛陀为悲悯这些众生，而没有讲法。后来，梵天、帝释天以千辐金轮、白色右旋海螺供养佛陀，殷勤祈请佛陀转法轮，因为这个缘起，佛陀依所化众生的界性、根机、意乐，开示相应的法门。

与其他修法一样，请转法轮时也要以菩提心摄持，为了一切有情的利益，祈请诸佛菩萨广设方便，教化群生。这样广大的劝请为缘起，能令一切有情接触到佛法的光明，获得真实利益。同时，我们自己也会获得利益每一个众生的福德，并且因为请转法轮，我们此后生生世世都不会生在没有佛法的地方。

许多佛经的开头都记载着释迦牟尼佛的弟子祈请佛陀开示正法，佛陀总是先赞叹祈请者悲悯众生故发斯问，功德不可思议。如何不可思议？《法华经》上讲，大通智胜如来成佛后，有十六位王子祈请佛转法轮，由此请法的因缘，无量众生得到度化。十六位王子也因为请转法轮的功德，后来相继成佛。可见请转法轮能积累殊胜功德，其果报不可思议。

（六）七支供的第六支是请佛住世，对治的是邪见。

此世界、他世界，一切上师、佛菩萨完成了利众事业准备趣入涅槃时，我们都要劝请祈祷，请圣者长久住世、饶益众生。

有人认为佛菩萨是否住世这样的大事，不是一个普通人的意愿能够决定的。因缘尽了佛自然就要入灭，殷勤劝请又有什么用？

其实，诸法依缘起，请佛住世便是佛住世的一个缘起。以前释迦牟尼佛将示现圆寂时，居士珍达祈请世尊悲悯众生留住于世，因此世尊又住世了几个月才示现圆寂。和居士珍达一样，如果我们祈请上师、大德长久住世，便会成为圣者住世利生的缘起，并且请佛住世也是遣除自己寿障的甚深要诀。

又有人问："如来无所从来，亦无所去，佛无生灭，常在世间，为何要劝请住世？"的确，佛无生灭，不以劝请而住世。佛于大清净平等中无勤任运度化有情，根据所化有情的福德而自然显现报身、殊胜化身、化身等不同相。比如月当中天，以盆盛水置于月下映出月影，月亮没有作意要到盆中来，而盆中自然显现月亮。

更进一步讲，净水盆中显现的月影皎洁，浊水盆中显现的月影浑浊，若水盆破裂，则不能显现月影。月影不现，错不在月亮，月亮也没有隐没，是水盆出了问题。

同样道理，佛无生灭，而众生心有染污、有生灭。众生心清净，佛就现前。众生心不清净，不得见如来。

汉地隋唐年间的智者大师阅《法华经》时入定，亲见释迦牟尼佛还在灵山会上讲此经，灵山一会犹未散去。此时距通常所记载佛陀示现圆寂的时间已有一千多年。你说佛陀是住世还是没住世？佛住世或不住世，归根结底，说的是心清净还是不清净。心清净才能请佛住世，心智清明才能常见佛不涅槃。

可见，请佛住世，究竟上讲，是声声唤醒自性佛啊！前面我们说到请佛住世对治的是邪见，就是因为不唤醒自性，我们便迷失颠倒，于无生灭中妄见生灭流转。

请佛住世应以菩提心摄持，为了利益众生而殷勤劝请诸佛菩萨直至轮回空尽长久住世、弘法利生。佛菩萨、善知识转法轮，开示正见，能帮助无量众生觉悟自性，离苦得乐。虽然我们这样祈请后，佛菩萨还是会随顺因缘示现圆寂，但是这种广大的劝请会引发请佛住世刹尘劫的善根。心量大，福德就大。

（七）最后一支是普皆回向，对治的是疑悔。

我们行持善法引发的善根很容易被嗔心、疑悔、炫耀和不当的回向所毁坏。所谓不当的回向是指心中作意：把功德用于获得人天福报，希望行持善法的结果是声名、财富、健康长寿等得以如愿，或者求来世享受天上人间的种种福报。

这种回向当然也是可以实现的，行善肯定会有善报，经书中记载供养佛陀几粒豌豆都能感应转轮圣王的果报。然而不当的回向使善根很快就会耗尽，所以我们要有广大的回向，过去、现在、未来，礼敬、供养、忏悔、随喜、请转法轮、请佛住世等一切善根，都供养诸佛菩萨，回向六道众生，愿所有善根都成为圆证菩提之因。不求人天福报、二乘果位，唯求无上菩提。

这样，就像一滴水融入大海而永不干竭，从现在直至成佛，我们因为行持善法的功德而享尽人天福报，善根也不会枯竭。

这里，大概有人会问：既然回向不求人天福报，唯求无上菩提，那为什么还会享尽人天福报呢？这其实很好理解。比如烧柴生火，你的目的是火不是烟，而在火生起的同时自然有烟。同样道理，你的目标是一切众生悉皆成佛，而在你为了这个目标精进修行的过程中，自然会感应福报。

《无量寿经》中讲到，阿弥陀佛在因地时，“无央数劫，积功累德，随其生处，在意所欲，无量宝藏，自然发应，教化安立无数众生，住于无上正真之道。或为长者居士豪姓尊贵，或为刹利国君转轮圣帝，或为六欲天主，乃至梵王。常以四事，供养恭敬一切诸佛。如是功德，不可称说。口气香洁，如优钵罗花。身诸毛孔，出旃檀香，其香普熏无量世界。容色端正，相好殊妙。其手常出无尽之宝，衣服饮食，珍妙花香，缯盖幢幡，庄严之具”。

这样的福报是世人梦寐以求的，但是求不到，为什么？因不对。经中说得明白，“无央数劫积功累德”，才有如此不可思议的福报。没有因，哪来果？身心不正，常怀邪恶，怎能感应尊贵庄严、无量宝藏自然发应？两舌、恶口、妄言、绮语，身口又如何常出无量妙香？

大家去寺庙看香炉上有“戒定真香”的字样，戒律清净，身心寂静，自然会有妙香发应，身上自然是香的。

如理如法的回向有两种：三轮无缘的真实回向和相似的回向。三轮，以布施为例，就是布施者、接受布施者和布施的行为。

三轮都依靠各种因缘而显现,都不具恒常固有的性质,当体即空。

三轮无缘是指没有执著三轮的分别念。证悟空性的圣者才能做到三轮无缘，以现空无别的境界而回向。初学者做不到三轮清净的真实回向，但可以做到与之相似的回向，即生起三轮现而无自性的定解，安住于此定解中而回向。

或者更简单易行但也同样有效的，就是作意：诸佛菩萨如何回向，我亦如何回向，把自己微弱的善根融入诸佛的功德之海。

正是因为这个原因，我们每次放生、供灯、行持任何善法结束时，都要念《普贤行愿品》，这样即使作为初学者，我们也能有圆满的回向。

4　发菩提心：上求佛果、下化众生

“设我得佛，十方众生，发菩提心，修诸功德，至心发愿，欲生我国,临寿终时,假令不与大众围绕现其人前者,不取正觉。”

——《无量寿经》

“是故阿难，其有众生，欲于今世见无量寿佛，应发无上菩提之心，修行功德，愿生彼国。”　——《无量寿经》

根据《观经》，发菩提心，行于大乘，是上品往生的基本条件之一。

菩提心从不同的角度有多种不同的分类，比如胜义菩提心、世俗菩提心、愿菩提心、行菩提心，等等。胜义菩提心指现见诸法实相，证悟远离一切戏论空性智慧之实义，唯有依靠修行力证悟后才能获得，不依赖于仪轨。

一般所说的发菩提心，指的是世俗菩提心。第一次须依靠仪轨在上师面前听受，之后可自己在诸佛菩萨前受持。

愿菩提心指发愿为了一切众生离苦得乐并最终成就佛果而修行。因为自己也是众生中的一个，发愿一切众生究竟成佛当然也包括自己要究竟成佛，就像把所有功德回向众生，丝毫不考虑自己的得失，而自然会得到功德，并且因为心量广大，所得善根功德远远超过只回向自己得到的果报。

具体来说，发心有三种：国王般的发心、船夫般的发心和牧童般的发心。

发愿自己证得佛果之后转法轮度化众生，引领众生走向解脱，有如一位国王以他的威力、福德带领他的国民走向幸福和自由，所以这种发心称为国王般的发心。发愿自己与一切众生一同获得佛果，就像船夫与他船上的乘客一起到达彼岸，这是船夫般的发心。发愿一切众生圆满正等觉的果位后，自己才成佛，像一个牧童把他的牛羊全都安全送回圈之后，自己才回家，这种发心称为牧童般的发心。

三种发心都很殊胜，大家可以根据自己的能力选择一种。

菩提心需要满足两个条件：上求和下化，上求佛果，下化众生。只有同时具足这两点的才是菩提心。

以这个标准衡量一下，为了获得声名、利益或为了远离疾病、灾殃而行持善业，既无上求也无下化。为了来世投生善趣、享人天福报，同样无上求下化之心。

为了解脱轮回而精进修行，但没有考虑到要以自己修行的功德力帮助所有众生解脱轮回，这有出离心（出离轮回之心），但还不是菩提心，因为没有上求佛果和度化一切众生的心。断尽烦恼障即能解脱轮回，此时还有所知障和习气障未断除，自性智慧还未圆满证得，而断证究竟才是佛果，解脱轮回与佛果之间还有很大的距离。所以，佛陀说这一类仅仅满足于解脱轮回并以此为究竟涅槃的修行人是“未证谓证，得少为足”，他们对众生也有慈悲心，但是心力不够强，心量不够大。

还有人发愿永远在轮回中帮助众生，这看上去很像牧童般的发心，实际不尽然。

如果你已断尽烦恼障，获得了解脱自在，出于悲心，乘愿力再入轮回，示现生死，度化众生，那是菩萨行愿，非常殊胜。

而如果你自己还束缚在烦恼中，因业力不得不流转轮回，苦恼重重，自顾不暇，那么实在很难给其他众生带来真实利益，帮助他们脱离轮回。其实要留在轮回中很容易，无须特别发愿。

由上求下化这两点我们可以知道失毁菩提心的界限，一是舍弃众生，作意“即使自己有能力也绝不度化某某众生”，有此心念即是舍弃众生。二是舍弃佛果，发愿永不解脱，永不证取无上正等正觉。这里要注意，地藏王菩萨发愿“地狱不空，誓不成佛”，阿弥陀佛四十八愿“若不尔者，不取正觉”，佛菩萨发愿“不成佛”的前面都是有条件的，条件满足了，就要成佛的，所以大家不要横下一条心，无前提条件地发愿永不成佛。

的确严格说起来，“我要成佛”也是一种执著，但这是菩萨修到十地最后即将证入佛地时，需要解决的问题。作为初学者，发愿永不解脱、永不成佛，并不能真正帮助断除执著，反倒是这种愿若成熟了，你如何承受？

在修行之初，发菩提心难免有造作的成分。我们的心无始以来早已习惯颠倒妄想，以自我为中心，要把它扭转过来肯定不是自然而然、一朝一夕的事。所以，开始修菩提心的时候，要造作地强迫自己发心。哪怕这种发心不是那么真诚，也要坚持发心，久而久之，自然流露的菩提心便能被引发出来。

修菩提心有一系列方法，以慈悲喜舍四无量心为基础，通过观想、念修，反复串习，最终能比较迅速、有力地培养起无伪的菩提心。

发了愿菩提心之后，需要通过行动把誓愿落到实处，这就是行菩提心，可归纳为布施、持戒、忍辱、精进、禅定、智慧等六波罗蜜。波罗蜜意为到彼岸，通过六度之行到达解脱的彼岸。

这一部分内容比较多，这里我不细讲，等有机会专门讲菩提心的时候再展开来讲。

总之，在菩提心的摄持下精进六度，修行不辍，再加上系念弥陀、发愿往生，临寿终时，阿弥陀佛和极乐圣众一定会前来迎接去极乐世界，于七宝池莲花中化生，花开见佛，永不退转轮回，究竟必至一生补处，念念不退流入一切智海。

◊5 发清净愿：愿生彼国、花开见佛

发菩提心，修诸功德，复以一切善根回向，愿生极乐世界。发此清净愿非常重要。

十方世界，佛刹无数，为什么诸佛菩萨、大善知识都异口同声劝我们发愿往生极乐世界呢？首先，极乐世界容易往生。很多刹土只有登地的圣者才能前往，而极乐世界由于阿弥陀佛的特殊

愿力，即使凡夫也能往生。根据此生的发心和修行程度的不同，往生极乐世界有三辈九品之别，其中有圣者菩萨往生的，也有凡夫往生的。

以前法王如意宝曾说过，阿弥陀佛和释迦牟尼佛在因地时曾转生为父子，因为有这样近的因缘，释迦牟尼佛教下的弟子绝定更容易往生极乐净土。所以我们要好好发愿并认真去做。

发净土愿，其次是因为极乐净土集合了数百亿佛刹的功德庄严，超世稀有。那里平正广大，光明殊特。亭台楼栖，七宝所成。宝树遍国，飘花成聚。清风时发，演出无量妙法音声。泉池湛然，沿水流芬。种种修行助缘，说不能尽。

你看见那里的菩提树，就能得无生法忍。微风过处，法音流布，尘劳垢习，自然不起。讲经、诵经、听经、经行、思道、坐禅、礼敬诸佛、广修供养，你欢喜怎样就怎样。阿弥陀佛真慈悲！你觉得怎样方便，他就给你怎样的方便。生在彼国，行住坐卧，无时无处不在积功累德。

曾有人跟我说："极乐世界好是好，但是丢下六道众生，自己跑到极乐世界去享福，这不是与菩提心相违吗？"有这种疑问实在是因为对往生西方的功德不了解。

《华严经》中普贤菩萨劝导善财童子和华藏世界如海会众，一同以十大愿王的功德回向往生极乐世界。十大愿王导归极乐，是因为往生极乐世界之后，能够在一生中圆成佛果，速疾圆满如海般深广的普贤行愿。可见，发菩提心可以纳入发清净愿中。我们的菩提心大概不会比法身大士、等觉菩萨们更强烈，而他们都发愿往生极乐世界。

在阿弥陀佛的加持下，我们往生净土后就能获得宿命、天眼、天耳、他心、神足等广大神通。了知无量劫来的宿命，正合普贤愿王中“我为菩提修行时，一切趣中成宿命”，如此能不忘轮回苦，不忘菩提心。于一刹那越过无数世界上供下施，切合速疾周遍、遍供十方诸佛的大愿。能彻听十方诸佛讲法，合“三世一切诸如来，于彼无尽语言海，恒转理趣妙法轮，我深智力普能入”的大愿。能洞视十方世界种种现象，知晓无量众生的起心动念，便能实现随顺众生、应机施教的大愿。

总之，往生极乐世界后，我们就有了“游步十方，行权方便”的能力，想去哪里度化众生，就去哪里度化众生，喜欢什么时候去，就什么时候去，应现何身说法，便现何身讲经说法。这样多好！这都得力于佛的愿力。

有一位居士修行非常精进，人也很清净，但是在发愿往生极乐世界的问题上，她有点为难。她说：“我发愿与众生一起成佛，如果又发愿往生极乐世界，那么在那里一生成佛了，这会不会与最初的发愿矛盾呢？”

我听她诉说自己的顾虑，不禁笑起来。

阿弥陀佛发愿：“设我得佛，他方佛土诸菩萨众，来生我国，究竟必至一生补处，除其本愿自在所化。为众生故，披弘誓铠，积累德本，度脱一切。游诸佛国，修菩提行，供养十方诸佛如来，开化恒沙无量众生，使立无上正真之道，超出常伦诸地之行。现前修习普贤之德。若不尔者，不取正觉。”

往生极乐世界后不会再退转，不会因业力入轮回，而是身寿无量，积功累德终将成为如观音菩萨、弥勒菩萨那样的一生补处菩萨。一生补处，就是还剩下一分生相无明未断，断除就成就佛果。如果因为往昔的愿力要入浊世救度众生，那么在阿弥陀佛那里报了到，花开见佛得佛授记之后，也能随其愿力去往他方世界自在无碍地教化众生。

无数悲愿宏深的菩萨都誓愿往生极乐世界，在那里证得无生法忍之后，再回入生死，游戏人间乃至地狱，度化众生趣入大乘道。

大恩上师法王如意宝住世最后一年在极乐法会上曾说：“我想我离开这里能不能无间就往生极乐世界呢？因为在极乐世界面见阿弥陀佛，听到佛语，佛以莲花般柔软的右手放在我头顶上后，得到菩提的授记，从此以后，智慧、神通等获得自在，这时要做利益有情的事不会像现在这么弱小，而是有获得广大功德的时候，就像《普贤行愿品》那么讲的：‘我于一切诸有中，所修福智恒无尽，定慧方便及解脱，获诸无尽功德藏’。”

细说起来，发愿往生又包括以下几个方面：

第一、愿临终无碍。

发愿临命终时，恶缘不现，神志清楚，至心念佛，求生净土。现在的人要做到这一点很难。很多人还没到寿终已经糊涂了。还有很多人死于飞来横祸或者突然发作的疾病，像脑出血、心肌梗死，根本来不及多想就匆匆去往后世。

活到寿终或者死于较缓慢发作的疾病，人面对死亡也是极度慌乱，六神无主。即使自己知道要念佛，周围的亲友也可能不配合，哭天喊地，你争我夺，让临终者起种种贪恋，生种种恶心，提不起正念，极大地障碍往生。

临终无碍，最好能预先知道什么时候往生，提前就做好往生的准备，然后谢绝外缘，一心求生净土，并且身体没有病苦厄难，内心没有贪恋迷惑，诸根豫悦，正念分明。即使做不到这样，至少也要意识不颠倒，且身边要有能提醒自己念佛并能帮助排除违缘的人。

以前南方有一位居士，往生前两三个月自己就预知时至，她跟家人交代好后事，并请家人保证她临终时周围环境安静无干扰，还特别叮嘱不要让她最心爱执著的外孙来见她。

到临终那一刻，家人按她的嘱咐拨通了我的电话，请我为她引导往生,亲友们也一直在她身边念佛。她口称佛号,安详往生。这种安宁的临终场面,在当今的现代化城镇中,已经很难见到了。我通过电话为临终者引导时，往往都听到电话那端很嘈杂，不停地有各种干扰，这对临终者是非常不利的。

平时我们无灾无病，念经持咒时周围环境若嘈杂，心都容易散乱，何况临终者，要面对死亡的恐惧和四大分解的痛苦，再加上干扰嘈杂的环境，心就更涣散了。

临终的念头很关键，这时心系净土就得往生，心里贪恋不舍就继续轮回，心生恼恨就很可能下堕恶道。可以说，何去何从只在一念之间。亲友若真为临终者好，应该在这时尽量减少干扰，让临终者在比较平静祥和的氛围中念佛往生。

尽量不要触碰临终者的下躯或在其下肢方向发出嘈杂声响，以避免把临终者的注意力引向身体下部。最好能帮助临终者面向西方，右侧吉祥卧，助念者在其耳边以柔和清楚的声音念佛号或念颇瓦，一边轻轻拉扯临终者头顶的头发，使其意念被吸引、集中到头顶来。

人断气后，不要立即触碰亡者的身体，继续为亡者念佛号、诵经，三到七天内不要把身体冷冻或火化。有些地方的做法是人一咽气立刻为亡者擦洗更衣，亲戚朋友呼天喊地，鞭炮锣鼓震耳欲聋，家人烟酒杀生招待宾客，这些做法都是对亡者不利的，会极大地干扰亡者的解脱。

对于临终前没能见到佛、随佛往生净土的人来说，死后最初的一段时间至为关键。人死后，只要不是罪大恶极直接堕入地狱者，都会经历中阴。莲师说，中阴境界中，诸佛菩萨会相继显现，此时亡者只要能够认知其中任何一尊，就可获得解脱。由此可知，中阴境界中阿弥陀佛显现时，如果有上师引导，亡者即能认出阿弥陀佛，怀着欣喜和向往迎向阿弥陀佛，从而获得解脱。

若此时受到干扰，心不专注或心生恶念，则会认不出阿弥陀佛或惧怕、远离阿弥陀佛，佛菩萨出现的时间很短暂，错过了则会失去解脱的机会，进入新一轮的生死流转。

自己平时要好好祈愿，好好用功，临终才能感得各种善缘、助缘出现。

第二、愿见佛往生。

发愿临终见到阿弥陀佛，那时心中会得到很大安慰，在清明、喜悦的状态中离世，不会因为恐惧、不舍而迷失。在《佛说无量寿经》中有明确阐释，无论是见到真佛、化佛还是梦见阿弥陀佛，都定生彼国。

第三、愿得佛授记。

发愿花开见佛，得阿弥陀佛授记：何时于何方国土成佛，名号为何。往生极乐世界后，品位上者才能得佛授记，而品位较下者，花开之后并不能见到佛。更有一些人因为心怀疑惑，虽然得以往生极乐，却于莲花中不能出现，五百岁中，不得见佛，不闻经法，不见圣众，远离一切殊胜善根。关于这一点，我们后面会细讲。

第四、愿普利众生。

发愿得佛授记后，化身无数百俱胝，普利一切众生界。恒不忘失以菩提心摄持自己的一切愿行。

◊6 唯除五逆、诽谤正法

"设我得佛，十方众生，至心信乐，欲生我国，乃至十念，若不生者，不取正觉，唯除五逆，诽谤正法。"

"诸有众生，闻其名号，信心欢喜，乃至一念至心回向，愿生彼国，即得往生，住不退转。唯除五逆，诽谤正法。"

——《无量寿经》

至心相信、向往极乐世界，这样的话，哪怕只十念，乃至只一念，也能够往生，但前提条件是不犯五无间罪、谤法罪。

五无间罪指杀父、杀母、杀阿罗汉、出佛身血、破法轮僧（释迦牟尼佛住世时护持佛陀转法轮的僧团）。一般人，稍有良知，都不会杀害父母。佛、阿罗汉、法轮僧现在也不太能遇到。

所以现在的人真正犯五无间罪的可能性不大，但是有些不如法的行为会成为近五无间罪，大家要特别注意。比如不善待父母，杀害、侮辱出家人，毁坏佛像、佛塔、经堂等，这些虽然不是五无间罪，但因果很大，同样会障碍解脱。如果不小心有触犯，一定要好好忏悔。

《观经》中讲到净业正因，其中就包括"孝养父母，奉事师长，慈心不杀，修十善业"，以及"受持三皈，具足众戒，不犯威仪"。可以说，这是顺利往生基本的要求。

平时如果不信经法，不信因果，胡作非为，那么往生便会遇到很大的障碍，并不像有些人认为的那样，现在多造点恶业没关系，临终的时候再念佛就行。一个人造了恶业，不是说绝对就没希望往生，如果能至心忏悔，对阿弥陀佛生起信心同时具足强烈的往生愿望的话，再借助阿弥陀佛的愿力和威德力，还是能够往生的。问题是这个一辈子不信因果、不信佛法、一生所为善少恶多的人，在临终时，一要神志清楚，不惊不怖，心不涣散；二要觉得自己真错了，追悔莫及；三要信佛念佛，一心系念阿弥陀佛极乐世界，心无旁骛，至诚恳切。这三条，做到哪一条都不容易，但如果有人真做到了，他就了不起！肯回头、肯放下的，芸芸众生中有几个？

这不是否定因果。恶业清净有两种方式：受报和忏悔。要么等恶业成熟，感受恶报，该受的受完，恶业就了了。要么具足四对治力忏悔，通过心行的改变去改变缘起，使恶业不具足成熟的因缘。善有善报，恶有恶报，因果不虚。如理如法的忏悔是行持善法，做了这个善就一定会有善的果报，忏悔的果报就是恶业得到清净。

忏悔的力量大小决定了恶业被净化的程度。忏悔的对境越殊胜，忏前戒后的心越恳切，改过自新的行动越坚决，业障就净化得越多。临终时，人若回心转意，心向佛法求生净土，那个心一定真诚，别的都靠不住、抓不住了，只有这一念净土、一句佛号，像抓住救命稻草一样牢牢抓住。这是极为有力的忏悔，对境是阿弥陀佛，心是绝对恳切，念的想的唯有极乐世界。

这样的忏悔一定能迅速清净业障，积累福报，更何况还有阿弥陀佛不可思议的愿力牵引加持，这种情况下能够往生，也是很好理解的。阿弥陀佛慈悲！无论我们曾经多么固执、颠倒，只要肯一念回头，肯一念清净，他都成全。

谤法的业障很重。社会上有的人很容易在有意无意间就诽谤正法，如果造下这样的恶业，不至心忏悔的话，来世得人身都是很难的。佛弟子大都不会直接诽谤佛法，可是出于分别心妄加评论法门的优劣，就是谤法。

佛在《遍摄一切研磨经》中告诉文殊菩萨，诽谤正法的业障极其细微，如果对如来所说圣语，对一类起善妙想，对另一类起恶劣想，这就是谤法。

你可以赞叹某个法门殊胜，劝别人来学这个法门，但不能说别的法门不殊胜，劝人家不要去学。比如说，净土法门殊胜，我们可以劝大家修净土法门、发愿往生极乐世界，但是这样做的同时，不能说别的法门不好不可以学，或者说只能念佛号不可以做别的，比如闻思、持咒、坐禅，等等。

释迦牟尼佛为什么要开示八万四千法门？因为众生的根机不同。如果所有的众生用同一个法门就都可以度化，那么释迦牟尼佛以佛的智慧和神通，不可能不知道也不可能做不到。但是佛陀讲法四十九年，几百场法会，三转法轮，为的就是应材施教，随机度化，尽可能为根机、习性、偏好不同的众生提供解脱的方便。

佛经中没有说过，除持名念佛外修其他法门的佛弟子不能往生极乐世界。每个人学佛的因缘不同，无论是专修一个法还是修不同法，都不要忘记自己是皈依三宝的弟子。三宝是什么？佛宝、法宝、僧宝。

断、证究竟为佛宝。佛的功德以法、报、化三身来展现。自性光明是法身。释迦牟尼佛以及在其他世界转法轮的佛是殊胜化身和报身，是佛的悲心、愿力与所化有情的福德力共同作用而起现的。皈依佛即是皈依自性、皈依释迦牟尼佛及十方三世一切诸佛。法宝指断除障碍、证得智慧的方便，具体体现在释迦牟尼佛教下的八万四千法门。僧宝指具足智慧和解脱两种功德，具体体现是在不同程度上断除了烦恼障、所知障和习气障的修行者。

在皈依之初，我们都曾发下誓言，皈依佛宝、法宝、僧宝。从此直至证取无上正等正觉，我们也都将在修行中实践三皈依的诺言。若依自己变化不定的情绪和低劣的分别心对三宝妄加评断取舍，则很可能背离皈依的誓言。

内心清净非常重要。同样的行为，心若不同，内涵便不同。如果以平等的信心、恭敬心，皈依礼敬一佛，即是皈依礼敬诸佛，因佛佛同体也；专修一个法门，即是修学所有法门，法法相融，一个学通了，一通百通；依止一位僧宝，即是随学一切僧宝。对出家人，对善知识要恭敬。心里实在生不起信心的，敬而远之就好，不要去批评。

如果以排斥的心理，说“我只拜这一个佛，不拜其他佛，修净土的只能拜阿弥陀佛，最多拜西方三圣，不能拜其他佛菩萨”，或者说“我只修这一个法，不修其他法，只认这一部经，不认其他经”，这样做与专修的本意早已背道而驰。

诸佛菩萨、大善知识劝我们一向专修、一向专念，是为了让我们集中有限的时间、精力和智力，一门深入，修行才更得力，不是要我们生出排斥、贬损其他法门的心。

我们学佛应该努力对治烦恼习气，而不应把自己一些不好的习气、做法带到修行中来，以为修学、赞叹、弘扬一个法门就意味着同时要诋毁、打击其他法门。

《四十二章经》云：“学佛道者，佛所言说，皆应信顺，譬如食蜜，中边皆甜，吾经亦尔。”佛陀的教言，结集成不同经典，经由不同路线传播到各地，虽然方法、表述不同，语言文字不尽相同，但都是释迦牟尼佛教下的教法、证法，或直接或间接地开示着解脱之道，法法都不可思议、不相矛盾，皆当信顺。

不仅对自己有缘修学的法门要视若珍宝，对自己没有修学的法门，也要爱护恭敬。佛法何其珍贵！历经一次又一次佛难，流传至今何其不易！我们作为佛弟子要爱惜、护持，怎能忍心再去诋毁打击？

对个人而言，谤法是往生的大障碍，自毁前程之举，大家不得不警惕。

◊7 有信有愿

信愿往生，要有愿有信。

有一类众生，有往生极乐世界的意愿，且相信因果，修习善法，以此善根回向净土，但心中仍有疑虑：想这三界六道多少众生,哪个愿生彼国,阿弥陀佛都能知道吗？他能知道我的心愿吗？我临终之时，阿弥陀佛真能越过百千俱胝那庾他佛刹，及时地前来迎接吗？诸如此类，常有疑惑，对阿弥陀佛不可思议的智慧功德不能完全相信。

还有一类众生，相信阿弥陀佛智悲圆满、威力无限，相信阿弥陀佛智慧成就的极乐净土无比美好，只是自己这样一个业障深重的凡夫，念佛能往生吗？由于对自己的善根没有信心，虽也念佛不绝,而对往生净土一事半信半疑,意志犹豫,不能专心一意。

以上这两类众生虽然往生极乐国，但生在边地七宝城中，不能见到阿弥陀佛。不是佛不让他们去见，是他们自己的障碍障住了福德，只能止步于边地。那里无诸秽恶，受用丰足，但是在五百岁中不见三宝，所以那里的人智慧不明，知经复少，心不欢喜，意不开解。

阿弥陀佛遍观一切世界，遍闻一切世间音声，遍知一切众生起心动念，这依一般人的经验，当然是不可能做到的，但是佛的境界，我们以分别妄心又怎能揣度？

在轮回中，以轮回心生轮回见，终不得入于如来智慧海中。到目前为止，我们的见地和经验，都是轮回的见和轮回的经验，这种情况下，只有依靠信心带领我们走出成见和过往经验的封锁，才能获得解脱的见地和经验。所以《华严经》中说："信为道元功德母，长养一切诸善法，断除疑网出爱流，开示涅槃无上道。"

极乐世界的万德庄严、极乐圣众的种种功德、神通、受用，全部依阿弥陀佛的智慧和福德起现。阿弥陀佛四十八愿每一个愿都已经圆满实现。这是佛经中记载，释迦牟尼佛亲口所说，十方世界诸佛同为证明的。

如来是真语者、实语者、不诳语者、不异语者。我们应相信佛的诚实语，对不可思议的极乐世界和阿弥陀佛的愿力有信心。若愿意往生极乐世界，却又怀疑阿弥陀佛接引众生的能力，这种想法其实自相矛盾。极乐世界之所以能建立起来，说明阿弥陀佛已经圆满了大愿，其中包括接引所有有信愿的众生寿终去往极乐刹土的大愿。

因此，我们发心发愿求生净土，阿弥陀佛必定了知，必定慈悲加持。

另一种疑惑，即对佛有信心而怀疑自己的善根，同样不应理。的确，本来以凡夫之力是不能往生像极乐世界这样的清净刹土的，但是因为阿弥陀佛的愿力，凡夫也得以往生极乐。

大家要清楚，往生主要靠的是佛力，而不是凡夫的自力。因为有佛力加持，即使是凡夫（即没有净除烦恼障碍的人），只要有信愿也能往生。其实不仅是人世间的凡夫，连三恶道的众生，如果有信愿，也同样能够往生。历史上旁生往生极乐世界的例子有不少。

麦彭仁波切在《净土教言》中说，能听闻到阿弥陀佛圣号、极乐世界的功德，说明往昔积累了巨大的福报。听闻之后能生起信心、向往之心，又积累了巨大福报。可见，信愿往生之人都是善根深厚的。这善根使我们身处浊世轮回而能感应净土解脱的安乐。

我们平时说自己是凡夫，但心里要明白：一方面，自己还没有现量见到诸法实相，因而还在烦恼束缚中不得自在，从这个角度说，确实是“凡夫”；另一方面，如释迦牟尼佛所说，一切众生皆具如来智慧德相，只因颠倒妄想不能证得。凡圣之别，只在迷与悟。

所谓凡夫只是一种心的状态，我们的心处于颠倒执著中的状态。当然，这状态持续的时间比较长了，无始以来至今，一直处于其中。但不管怎样，既是状态就可以改变。我们念佛、念净土便是在慢慢扭转心的状态，从念念追逐生死烦恼，现前轮回境界，转成念念阿弥陀佛，现前极乐净土。

其实，十方世界都在我们的自性之中。只要至诚恳切求生净土，就必定能感应自心本具的阿弥陀佛前来迎接，须臾间越过自心本具的百千俱胝那由他佛刹，往生到自心本具的极乐刹土。

我们知道自己目前还处在凡夫状态，却不要因此在发愿往生时心生怯懦，意志犹豫，应该反过来想：因为阿弥陀佛的恩德，我才有机会在没有断尽烦恼的情况下解脱生死，往生清净刹土，所以心里对阿弥陀佛的感激更加深切。又因为自己还是凡夫，要往生极乐世界主要依靠阿弥陀佛的愿力，所以须更恳切地发愿、祈祷，请求阿弥陀佛的眷顾加持。

这样便把原先的怯懦犹豫转变成了往生的助缘——深深的感恩和猛烈的祈祷。

◊ 8 显密共同的法门

“无有胜此之功德，无有更深之教言，乃是吾之根本法，精进修持勿舍弃。”

——乔美仁波切《极乐愿文》

麦彭仁波切在《净土教言》中说："忆念阿弥陀佛和希求往生极乐世界，此二者最为重要。"

忆念阿弥陀佛就是在明观福田和积资净障，希求往生则是发清净愿，其中包含了发菩提心，所以明观福田、积资净障、发菩提心、发清净愿这往生四因可以进一步浓缩为忆念弥陀和信愿往生。

了解道理后，接下来最重要就是付诸行动，真正对阿弥陀佛极乐世界生起信心，发愿往生，并以念佛作为自己的修行功课。观想阿弥陀佛及其坛城、念弥陀圣号、念弥陀心咒等都是念佛。

阿弥陀佛的身相、心咒、圣号是佛智的幻化，由阿弥陀佛不可思议的功德所成就，可以说佛像、心咒、圣号就是佛。观想身相、念佛号、念心咒即把自己的心融入佛的智慧与功德海中，同时，如果足够专注，也就很容易安住在自性中，因而念佛能令我们迅速地积累资粮，清净业障。

《涅槃经》中说，若打开宝藏，在一月间布施一切众生，所得功德不如称念一声佛号，后者超胜前者不可计量。对于有信心的人来说，阿弥陀佛的身相是见解脱，心咒、圣号是念解脱、闻解脱。

念佛即能往生，那么是不是就没必要再去修其他法比如五加行、放生等呢？必不必要，这依人而定。念佛法门圆摄戒定慧，真能专心念佛，把时间、精力都尽可能用在念佛上，不管人我是非执著分别，戒律也就清净了，心也定了，念念祈祷阿弥陀佛，念念唤醒自性，慢慢地，智慧也就发明了。这是真念佛。

这种念佛虽然在形式上没有观修暇满难得、寿命无常、轮回皆苦、因果不虚，而效果与修外加行是一样的，调柔了相续，坚定了出离心。一心念佛，也是在修皈依，在礼佛，修菩提心，积资净障，善巧地涵盖了内加行的内容。放下万缘，心心念佛，念到能所两忘，现量见到诸法实相，则是更高层次的修行了。如果你是这样子专心去念佛，那么不行持别的善法也没问题，一句佛号就够了。

如果你只是悠悠忽忽，想起来才念几声佛，想不起来就仍把大量的时间精力用在世间八法上，争名利，搞是非，或者一味怠懒混日子。若是这样，安不下心来念佛的时候，不如修加行、闻思或行其他善法。

总之是要自己肯切实用功，积累了资粮，才能更好地感应到佛力加持，不要一味敷衍搪塞，把念佛做借口，不去行持别的善法。到头来，念佛也没好好念，通过其他善法积累功德也没去做，两头都落空。

此外，众生根机千差万别，有人天生爱琢磨问题，求知欲旺盛，你让他什么都不想只一心念佛，恐怕很难办到，若引导他研读佛理，由闻思契入修行，也许能更快地得其要领。

有的人不喜欢研究深奥的佛理，对禅定却有很强的意乐，或者喜爱放生、礼佛等。有的人喜欢念佛号，有的人喜欢持心咒。然而不论怎么修，选择一个与自己性情、意乐最相宜的，在三殊胜的摄持下认真去修最重要。

往生极乐净土，有专修念佛法门往生的，平时修行只持名念佛，不做其他；也有修其他法信愿往生的，比如专修金刚萨埵，同时发愿往生极乐世界，并持诵阿弥陀佛圣号或心咒。

持名念佛也好，修金刚萨埵或是其他法也好，都要认真下工夫，还要有往生极乐的信愿。这样，此生即使未能证得解脱自在，仍然可以凭信愿之力，得到阿弥陀佛的摄受，借佛威神，往生极乐净土。

净土法门是显、密共同的法门。藏地许多大德都非常重视净土法门，比如大家比较熟悉的乔美仁波切、蒋阳钦哲旺波、华智仁波切、麦彭仁波切、法王如意宝等等。

藏地很多人都把持诵弥陀心咒或圣号作为自己主要的功课，平时放生、供灯、行持任何善法，都会把功德回向往生极乐净土。

我们在极乐法会期间以及平时念诵的《阿弥陀佛修法极乐捷径》是法王如意宝的前世列绕朗巴大师发掘的莲师伏藏法。莲花生大士在伏藏仪轨的最后一段小字里写道：“一十一字根本咒，三十万遍得悉地……是故具缘当修持。”按照仪轨观想念诵阿弥陀佛心咒“嗡阿弥得瓦阿耶色德哄舍”是往生极乐世界，获得即生成就的殊胜的捷径之法，有缘者应当精进修持。

小记：

净土法门甚深微妙，虽易行，却难解，种种疑问在所难免，本文试图结合一些常见问题，在答疑的同时对往生正因做一点肤浅的阐释。由于能力限制，可能疑也没答好，讲也没讲清楚，着实惭愧！错谬之处难免，在此向诸佛菩萨至诚忏悔！也恳请大善知识、诸位读者指正。

关于往生正因更完备准确的阐释，请参阅《佛说无量寿经》《佛说观无量寿佛经》《佛说阿弥陀经》等经典，以及《极乐愿文》《净土教言》《极乐愿文大疏》《日常如何修行净土》等圣者、善知识所著珍宝教言。

犹如阿弥陀佛的光明显现时，一切荆棘、沙砾、沟坎悉皆隐没不见，唯见佛光，彻照十方，这篇文章中所引用的佛经文字和圣者、善知识的教言，其璀璨光芒掩盖了我本人在佛法理解和阐述上的不足。我愿借佛光明，把此文献给我的大恩根本上师法王如意宝，文中的七个部分如一组小小的七政宝。愿上师欢喜！

本文动笔第一天的晚上，我在梦中见到上师才晋堪布仁波切。他看上去比我记忆中老一些，有八十多岁的样子。他拿着一套古老的针，说是让我陪他一起去把针供养给法王如意宝。按照我家乡的传统，针代表长寿，供养针代表祈请长久住世。

于是，我和才晋堪布来到法王如意宝的住处。法王见到我们和供养的针，显得非常欢喜。我从梦中醒来后，赶紧把这段梦境记录下来。再次与自己的上师们相聚，心里不知有多么快乐、感激。同时，我想这个梦给了刚刚开始的这篇文章一个吉祥的缘起。

此后大概三天，本文撰写过程中，有居士千里迢迢送来三尊古老的佛像，恰是三世佛，这或许是另一个吉祥的缘起。

此间又有居士供养从印度金刚座请来的释迦牟尼佛像、菩提树叶和菩提树苗，以及精美罕见的十六罗汉画像。这位居士之前在金刚座供灯十万盏，并参加念诵了十天《十六罗汉供养文》。十六罗汉受佛陀咐嘱长住世间护持佛法，而菩提树苗原本长在金刚座的大菩提树下，大菩提树的种子自然落地生根发芽，如今移植过来。非常吉祥！

愿这篇文章的读者以此文的因缘增上对阿弥陀佛极乐世界的

信心、愿心，乃至生起一念欢喜、爱敬，所有善根悉皆回向往生净土。

愿同生极乐，花开见佛。

希阿荣博完成于藏历水龙年十一月十五日，大恩根本上师法王如意宝示现圆寂九周年纪念日，阿弥陀佛节日。

补充：

本文完成的当晚，我梦见法王如意宝为弟子们灌顶，身着红袍的出家众围绕着上师，我很幸运地就坐在上师身边，座下接受灌顶的主要是法王如意宝的汉族弟子。法会场面浩大，人数众多。这个梦境持续了很长时间，清晰、稳定。

我想大概是这篇文章让上师很欢喜，我才能见到这样的显现吧。

上师知！

希阿荣博补记于藏历水龙年十一月十六日

第五章

生命可以改写

——有效净障之关要

罪业若不加以对治，

必定成熟苦果，破坏今生来世的安乐。

顶礼大恩根本上师法王如意宝！

顶礼一切坛城之主尊金刚萨埵！

◇ 1 业的相续：轮回由业而生

轮回由业而生。众生以各自积累的善恶业而转生在轮回的善恶道中，各自感受苦乐。我们经历的一切，我们觉知到的世界以及我们的觉知、感受、思想等，都是业的显现。

业由因、缘、果构成。因指主要条件，缘指次要条件，主、次要条件具足，会有结果产生，这就是业因果。

我们的每一个身语意活动都会在阿赖耶识中留下印记，虽然当时的行为、言语、念头会消失，但这个印记就像一粒种子，一旦埋在识田里，便蕴藏着在将来开花结果的势。种子发芽结果所必需的阳光、雨露、土壤等条件，称为缘。

从播种到结果需要经过多长时间，取决于种子的性质和潜能，同时受气候、环境、土质等生长条件的影响。有的作物一年一收，而有的作物几个月就成熟了。同样的，造作了业因之后要多久会显现果报，取决于因的性质和力量。

一般来说，具足四个条件的因力量比较强大。

四个条件是明确的动机、具体的对象、采取了实际行动、实现了预期结果。以偷盗为例，如果有明确的盗窃动机，有具体的盗窃对象，真正实施了盗窃，并获得了想盗窃之物，这样一个盗窃行为比不具足四个条件的同类不与取行为果报更严重，感应果报的速度也更快。

在四个条件中，动机和对象又更为关键，对果报的性质和程度影响更大。动机和对象，又称为发心和对境。比如僧众是严厉的对境，盗窃僧众的财物比盗窃一般人的财物，果报要严重得多。

简单地说，业因的成熟有四种情况：一种是今生造业，今生受报；一种是极大的善业和极大的恶业（比如五无间罪），下一世一定会报应；第三种是肯定会报应，但也许是几世之后，也许更长时间；第四种情况是定业（必定报应的业）转变为不定业（可能有报应，也可能没有报应）。当业因在逐步成熟的过程中遇到强大的对治力，果报就有可能被削弱甚至消除。

由此可知，即使是定业，果报也有早有晚，有的是很快就受报，有的是这一世报，有的是下一世或很多世以后报。当我们看见好人遭恶报、恶人得好报的情况，就知道这是因为他以前造的恶业或善业先成熟了，所以现在虽然行善，仍然要先感受已成熟的恶报；现在虽造恶，仍会先感受已成熟的善报。

恶业耗尽有两种方式：感受果报使其穷尽，或者通过忏悔使恶业净化。

有些人或许觉得自己没有造作恶业，并不需要忏悔。的确，一般人平凡生活中是不太可能造作像打家劫舍、杀人放火这样粗重的恶业的，但是仅仅避免这类恶并不代表真正远离了恶业。

恶业的范畴很广，简单地归纳起来包括十类：

杀生、不与取、淫乱，这是身的恶业；

妄言、绮语、两舌、恶口，这是语的恶业；

贪心、害心、邪见，这是意的恶业。

我们仔细观察自己的言行，起心动念间有多少贪心、邪见？平日里有意无意地又制造了多少伤害？日常工作、生活中有多少不与取的行为？言谈之中又有多少妄言绮语？认为自己各方面都做得不错，恶业跟自己没什么关系，这完全是在未经观察时作出的结论。

如果观察就会发现一般人每天的所思所想、所作所为大多数都在恶业的范畴之内。

较之旁生、饿鬼、地狱这三恶道，投生在人道已经是有了太多选择的自由，我们可以选择造作善业还是恶业，不像三恶道的众生从生到死几乎别无选择地造恶。这一世投生在善道，尚且这样不离造恶，那么往昔的生生世世不在善道中时会是什么情况，不需要神通也可以推想得到。

正是因为往昔造作的恶业，我们这一生才会遭遇这样那样的痛苦、磨难和不顺意。现在我们懂得了业因果的道理，从今往后就应该谨慎取舍因果，断恶行善，尽量不造作新的恶业，同时认真忏悔之前的恶业，把定业转成不定业，再进一步努力使恶业完全清净。

定业可以转化，这澄清了很多人的一个误解，即认为凡事命中注定，无法改变。一般人，若不知忏悔罪障，他的命确实可以说是注定的。人的言行、思维大多有自己的套路，你的每句话、每个举动都带着你的规律。我曾听人讲起过在网上购物的经历，觉得颇有启发性。你在一个站点数次购买之后，你的购物习惯乃至很多生活习惯就能被网络预测出来，下次再登录时，它就会根据对以往记录的分析而大致预测出你这次可能会买什么或浏览什么内容，从而向你推荐你喜欢的商品、你感兴趣的活动等。相对简单的电脑程序在比较浅层的接触之后，都能把你的一些规律预测出来，可见我们每个人身上有多少深重且明显的习惯、规律。同时这也说明，我们的一言一行都不是没有缘由、忽然发生的，它们其实都是从过去中来，是过去行为的结果和延伸。

比如说，过去世以杀生为业的人在堕入恶趣感受完恶趣的果报之后，再次获得人身时，仍然会喜欢杀生，并且因为往昔的杀业，这一世短命多病，生活环境恶劣危险。过去当杀生的行为发生之时，已经为后来的一系列遭遇和行为埋下了伏笔。

过去以不与取为业的人，这一世也喜欢偷盗，受用非常贫乏或常为强烈的贫穷感折磨，即使获得少许财物，也是很快就被偷走或剥夺。大家平时从新闻中可以看到很多这类例子，那些靠偷盗维生的人似乎盗取再多的财物都富不起来，总是过得很拮据，手里就是留不住财富。还有一些靠不正当手段牟利的人，财富受用往往如昙花一现，终究还是要跌回贫穷中。这都是因为不与取的果报还没有完全耗尽。

佛经上说，每一种业都会感应四种果报，或决定或影响着下一世及之后无数世的状况。关于这个问题，我们以后有机会再细讲。

总之，这一世的境遇、苦乐的感受、寿命的长短、相貌的好坏等，都是往昔造作的业因成熟后显现的各种果报，皆从过去中来。如果现在的身口意活动一如既往重复旧的习惯，那么目前尚未成熟的业也将在未来如期成熟。从这个角度说，人的命是有定数的。若没有强大外力干扰，一旦因缘成熟，没有什么能阻止果报显现。

能改变果报的强大外力有二：一是证悟空性，二是忏悔。

无等塔波仁波切曾说："纵然往昔所造的罪业堆积如山王，也可于现见本性之刹那获得清净。"

证悟空性需要三个条件：得到上师的加持、遣除违缘、圆满资粮。违缘是指无始以来积累的罪障。佛陀宣说了无数净除罪障的方便法门，其中最为殊胜的是念修金刚萨埵，也就是以金刚萨埵为对境，具足四力忏悔。

在忏悔的四种对治力中，行动对治力即行持善法以对治恶业，善法除持念心咒、供灯、放生等外，还有安住于实相即证悟境界中。

可见，证悟空性和忏悔这两种清净罪业的方法并不是截然分开的，忏悔净障是证悟空性的一个条件，而证悟并安住于空性也可以是忏悔四对治力中的一种。

了解这一点后，大家就不会再认为自己可以完全不用忏悔恶业，只等有朝一日顿然开悟、现见诸法实相，到时恶业自然就清净了。

很多人喜欢研究有关空性的理论，这当然很好，对空性的教法生起一念信心乃至一念好奇心都能积累巨大的善根，然而仅仅从文字、概念上理解空性，即使理解得很透彻深入，也不是证悟空性。

如前面所说，真正的证悟需要上师的加持、净除罪障和圆满福报资粮。相信因果才会忏悔罪障，忏悔罪障必然断恶行善，所以现在一些人不信因果，不断恶行善，只一味高谈甚深见解，这离证悟还差得远。

◊2 如意宝珠：金刚萨埵修法中较为简略的一种

如果说恶业还有好的一面，那就是它通过忏悔可以清净。

显宗、密宗都有很多忏悔法门，其中最为殊胜的是金刚萨埵修法。金刚萨埵是一切寂猛本尊之总集，一切坛城之主尊。

金刚萨埵佛在因地时曾经发愿：愿我未来现证佛果时，若有众生造五无间罪、毁坏誓言，若闻我名号，作意于我，念诵百字咒王，一切罪障悉皆清净，此愿不成，誓不成佛。愿我住于破戒者前，一切罪障悉能清净。

《大圆满应成根本续》中，普贤王如来授记：末法时代是金刚萨埵佛尊普度众生的时代。金刚萨埵修法具有遣除一切罪业的力量，只要如法如量地观修佛尊及其心咒，倚仗佛的愿力和密咒的加持力，必能净除无始以来的所有业障。

在众多金刚萨埵修法中，大恩上师法王如意宝在一九九七年于大圆满智慧中自然显现出的意伏藏《金刚萨埵修法·如意宝珠》仪轨较为简略，重在祈祷，不论灌顶与否均可修持。我们就在这里主要讲这个金刚萨埵修法。

具足四种对治力至诚忏悔，业障可以完全清净。

四对治力指的是忏悔的所依、忏前之心、戒后之心、行动对治。

如果心不在焉，嘴里念诵忏悔文，心里却想着别的事，或者东张西望，周围有什么动静，注意力马上被吸引过去，或者没有至诚恳切的忏前戒后之心，那么业障或许能减轻，却无法净除，所以大家在忏悔时要尽力做到具足四种对治力。

3　皈依和发心：外依止力与内依止力

按照《金刚萨埵修法·如意宝珠》的仪轨，首先是念诵皈依偈和发心偈各三遍。

皈依：

南无

从今乃至菩提果，如海诸部坛城主，

上师金刚萨埵前，吾以深解信皈依。

从今日起，一直到证得佛果，我始终以深刻坚固的胜解信皈依如海般广阔无垠、无量无边诸坛城的主尊——金刚萨埵。其本体为自己的根本上师，显现为报身金刚萨埵佛。

胜解信是在了解金刚萨埵佛的功德之后，对佛的慈悲、愿力和心咒的加持力生起的不可动摇的信心。坚信只要祈祷，金刚萨埵佛就会住于己前，聆听自己的发露忏悔，并给予安慰、加持。佛的心咒有不可思议的力量，只要如法如量念诵，必定能摧毁一切罪障。

发心：

一切等空诸有情，为得安慰竟乐地，

身口意之诸精勤，皆当不离菩提道。

为了尽虚空界一切有情都能获得究竟的安乐，愿我身口意的一切勤作都永远不离菩提道。

我们需要依止一个对境来进行忏悔，这叫忏悔的所依或依止力，包括内依止力和外依止力。

内依止力指信心、悲心、出离心、菩提心等。

外依止力是观想金刚萨埵。

显然，上文中的皈依、发心为内依止力，首先对金刚萨埵生起坚定的信心，并且发愿为了一切有情获得佛果而精进忏悔。从一开始就明了自己念修金刚萨埵不是仅为净除自己无始以来的罪业，而是要代一切众生消业，为了这个社会，为了这个时代，为了整个世界。从一开始就有这种决心和胸怀。

信心和菩提心对于净除业障来说非常重要。皈依的本体是信心，如果对金刚萨埵的愿力和威德力半信半疑，忏悔时就会意志犹豫,从而不能完全地发露罪业并痛下改过的决心。至于菩提心，《入行论》云："菩提心如劫末火，刹那能毁诸重罪。"自相续中若生起无伪的菩提心，则往昔所造的一切罪业自然消灭。

◊4 观想和祈祷：如何观想金刚萨埵圣尊？

在皈依、发心之后，是观想金刚萨埵圣尊，这也是第一种对治力中的外依止力。

先请一幅金刚萨埵的唐卡或图片，反复观看，把画面包括其中各个细节都深深印在脑海中。虽然《金刚萨埵修法·如意宝珠》着重的是祈祷，对观想的要求不是很高，但我们还是应该尽量把佛像观想清楚。

观想：

阿！

自前如海供云中，白莲月轮坐垫上，

部主金刚萨埵尊，明现洁白皎月色。

一面二手持铃杵，圆满报饰跏趺坐，

放射智光遍十方，澄净意中观明然。

“阿”字代表般若波罗蜜多无生大空性。

在自己面前一肘高的虚空中，观想如云海般广阔无边、层出不穷的各种精美供品，在供品前上方，观想一朵表示远离轮回杂染的千瓣白莲花，莲花之上有一圆满的月轮，表示远离一切过失、具足一切功德的断证圆满。月轮坐垫上端坐着集百部寂猛本尊于一部的主尊报身金刚萨埵。他的身色宛如十万个太阳照在雪山上那般洁白，一面二臂，右手持五股金刚杵于胸前，左手持铃于腰际，以十三种圆满报身服饰庄严，双足结金刚跏趺坐，身体放射无量洁白色的智慧光芒，遍照十方世界。金刚萨埵的形相如水月般，现而无自性。

十三种圆满报身服饰为：绫罗五衣（冕旒、肩披、飘带、腰带、裙子），表示胜伏五毒烦恼；珍宝八饰（五佛冠、耳环、项链、臂钏、瓔珞、手镯、脚镯、足环），表示八正道。

一面二臂。一面表示法身唯一胜义明点，二臂表示智慧方便无二。

右手持金刚杵。金刚杵表示胜义不坏的金刚或者殊胜的方便。上面的五股表示五方佛，下面的五股表示五方佛母，上下的莲花叶表示菩萨、菩萨母，珠鬘表示寂静本尊，中间圆形的杵柄表示远离一切戏论的无上法界宫。

左手持铃。铃表示殊胜智慧，铃的上部有金刚界自在佛母的面相，其上半个金刚杵表示乐空二者互相印持。铃上八个莲花瓣上有八个种子字，表示金刚界自在佛母以外的所有佛母、菩萨母。半满瓔珞以及上下两圈横竖的金刚杵表示以殊胜方便来庄严殊胜智慧。铃舌表示大乐的源泉或者能证的智慧。铃的内壁圆形空间表示远离一切戏论的空性法界。

金刚跏趺坐表示远离三世的迁变。

无量智慧光芒表示八万四千法门。

初习观想时，很难一下记住佛像的全部细节，更不用说把佛像完整地观想清楚了。所以观想由仔细观看佛像开始，有时候重点看佛像的脸部，有时候重点看手部，有时候看绫罗五衣，有时候看珍宝八饰，有时候看整体，有时候看局部。如此反复熏习，慢慢地，佛的形相便会印在心中，这时即使不看唐卡或图片，也能清晰地观想起金刚萨埵佛尊，如在目前。

常有人问：总观不起来是什么原因？《金刚萨埵修法·如意宝珠》中的观想是比较基本的观想，如果做不到，我想主要是练习不够的原因。练习观想肯定需要时间和耐心，除特殊根器者外，一般人只是草草看几眼佛像就想马上观想清楚是不可能的。凡事熟能生巧，修法也不例外。没有千百次的重复乃至失败的经历，怎么能生出“巧”。好比吃饭，要吃饱肚子，最简单直接的办法就是吃。同样，要观想清楚，最简单直接的办法就是观想，一遍遍练习。

修行的进步，修行人内心和外在的改变，都是在一点一滴、循序渐进中实现的。纵然有豁然开朗的时刻，也是在积累了无数经验之后到来。

皈依、发心、观想圣尊三者具足，忏悔便有了强大的依止力。

接下来是祈祷金刚萨埵，包括忏前、戒后两部分。

鸣呼上师金萨尊，请忆往昔所立誓，

吾等痛苦诸有情，哀愍大悲以摄持。

无始以来至今生，身口意造诸罪堕，

如同已服恶毒药，深生追悔发露忏。

今后纵遇命难时，亦绝不造诸恶业。

上师金刚萨埵的加持无所不在，遍满虚空，然而只有真诚祈祷的人才能感应到，好比无线电波一直都在，但只有打开收音机并调对频道才能接收到信号。

修这个忏法时，应该多花一些时间在祈祷上，反复、恳切地祈祷上师金刚萨埵佛尊，请上师垂怜哀悯，不要舍弃我们这些在轮回中长劫受苦的众生。之后开始想：为什么自己会感受这样多的痛苦无奈？是因为无始以来直到今生，身语意造作的恶业。到底有多少恶业？又是些什么样的恶业呢？

从现在开始往前推，尽可能仔细地反省：今日的言行有哪些是在种下恶的业因？昨夜梦中有哪些恶的行为和心念？昨天做了什么？是否有十恶业、五无间罪、近五无间罪、谤法以及违犯三乘戒学处的行为？前天呢？如此慢慢地回忆，有时候能想起很多年前甚至小时候造下的恶业。

自己能忆起的恶业已经是这样多，还有记不得的，还有见作随喜的，如此想来，仅是这一生造下的恶业就已经不计其数，那么前世呢？之前的每一世呢？自己必定曾投生在三恶道中，虽然地狱、饿鬼道以及大部分旁生道众生的惨状无法现量见到，但仅看看某些动物的生存状况就可以想象得到往昔在三恶道中的自己是什么样子，心念几乎永远在贪、害、愚痴的状态中打转，别无选择地日夜造恶。

无始以来至今生，有的恶业是在愚昧无知的情况下造作的，有的是明知故犯,有的是身不由己,然而不管是怎样造作的恶业，都不会空耗,苦的种子结出的苦果迟早得由自己来咽。想到这里，不禁为以前造作的恶业给自己和其他众生带来的无限痛苦而感到深深的惭愧和悔恨，又为自己的将来而忧虑，痛苦的戏码还将一遍遍上演，自己被业力牢牢困住，不得安乐，不得自由，而这一切都是自己的所作所为造成的，如今真是后悔到心痛！

怀着这样的心情在上师金刚萨埵前发露忏悔，不覆不藏。对上师金刚萨埵没有什么好事可说，我们的确该感到羞愧，然而不要因为怕难为情或者怕上师嫌弃，而隐藏自己的恶业。就像母亲永远不会嫌弃她顽劣的孩子，上师也永远不会嫌弃我们。

每一遍修此忏法，都应该花时间去回忆自己的恶业、过失，越是具体，悔过之心就会越强烈。

悔过力是四对治力中的第二种对治力，要从根本上净除恶业，悔过力必不可少。

乔美仁波切曾说，“若无悔心忏不净”，没有悔心，业障是无法忏净的。所以我们在修法的这一步，不要只是模糊大概地想一下：自己造了很多恶业，现在忏悔，轻描淡写的，然后匆匆念一遍忏悔文，就算是交差了。

以前我的家乡玉隆阔地区有个老妇人，年轻时参加批斗，用鞋子打了自己的根本上师，给上师制造了极大违缘。后来她悔悟了，终生为这一严重破戒行为忏悔。见到任何穿僧衣的人，她都马上在其前发露忏悔，说自己某年某月某日用鞋子打了自己的根本上师，破了密乘戒，现在无比后悔。每次见到我，她都痛哭流涕地诉说自己已经念了几亿遍观音心咒和金刚萨埵心咒忏悔罪障。

有时很细微的一个恶分别念，如果对境严厉，也是应该尽快发露忏悔的。有一位居士去扎西持林，食宿条件简陋，看见我住的房子比较好，当时念头一闪：师父很享受啊。后来她一直反省，觉得对上师生起这样的恶分别念不对，于是向我发露忏悔了。我其实还是很赞赏她的勇气和严格要求自己的那股劲儿。

这几年，扎西持林不断扩建，我院子里以前的客房几乎全改成了佛堂，里外装饰一新，不再住人，只供奉佛像和经书。不知道情况的人看见，以为我一个人住那样宽敞华丽的房子，其他人都住在外面简陋的宿舍里，难免会有想法。

这位居士是个认真的修行人，我想有过和她一样想法的人应该不少，而真的敢于把自己认为不好的念头说出来的非常少。尤其在自己的上师面前，大家都愿意表现得好一点，有时察觉到自己犯了小过错,也只是悄悄地改正,而不会郑重其事地发露忏悔，让上师知道自己其实不是看上去那么清净。

这位居士平时对自己要求就很严格，身语意上很小的过失，只要一察觉到就认真忏悔。我相信正是因为这样，她这几年在修行上的进步才会那么大。

说到忏前，有人认为过去的已经过去，多想无益，只要以后好好做就行了，不必为以前的事忏悔。然而，生命是前前后后的相续，没有孤立的前，也没有孤立的后，以前造下的业因，若还未成熟，则必定会在将来成熟，以后不可避免地要感受以前的业因果，所以改过自新须从反省和忏悔过去开始。其次，若没有真诚的反省和在此基础上生起的悔过之心，我们很难意识到自己错在什么地方。凡夫的习气是如此根深蒂固，很多想法和行为今生以来、无始以来一错再错，以至于错成了常态和定式，我们根本意识不到这样想、这样做是错的，是在造恶业，将来要为此付出痛苦的代价。而经常反省以前的行为，会让我们对恶业逐渐敏感起来，这为断恶行善打下了基础。

第三种对治力是戒后，下定决心从今往后就算死也绝不再造过去曾经造作的恶业。恶业的种子已经种下，有的甚至已经发芽，要阻止它最终结出恶果，就必须断除它生长所需的条件。戒后，不造作新的恶业，就像是不给种苗浇水、施肥，这样它就很难成长。

有人觉得造了恶业通过忏悔可以清净，所以继续造恶业没关系，以后忏悔就是了。这样毫无惭愧畏惧之心，忏悔只是形式而已，不会有很大的效果。即使有悔心，“后无戒心罪不净”。一边后悔播下了种子，一边又不断绝种子的养分，种子还是会伴随着你的悔恨而茁壮成长并最终结出硕果的。

以前造过的恶业能完全戒掉不再犯，自然是最好，如果一时不能完全戒除，也要向这个方向努力。比如，先下决心一个月不再犯或一年不再犯，然后逐步延长直到彻底戒掉，就像人们平常戒烟、戒酒那样。我们戒的是所有会给自他带来痛苦的行为。

忏前戒后最好从自己记得的某个恶业、针对某种具体情况和具体对象开始。比如，记得某天杀死了一只蟑螂，因为这个杀业，自己将堕落恶道受大痛苦，之后从恶道出，仍将多生累世感受疾病缠身之苦，为此自己追悔莫及，发誓今后再也不杀蟑螂，而且也不劝他作，不随喜他作。以后看见蟑螂就想起自己的誓言。这样，无始以来杀蟑螂这种众生的恶业便会慢慢清净。

通过忏前戒后，断杀的对象可以逐步扩大到其他生命，最后遍及一切众生。由此类推，嗔恨、不与取等所有其他的恶业也都可以这样由小及大，一一断除。

生起忏前戒后之心，接下来我们应祈求上师金刚萨埵赐予悉地，使我们能顺利完整地清净所有罪障。

祈汝悲眼视吾等，柔和之手赐解脱。

我与一切诸有情，失坏誓言皆令净，

一切胜共诸悉地，愿今悉皆得成办。

5　行动对治：我们不能同时既向左又向右

我们的心念无法同时既向善又向恶，就像我们不能同时既向左转又向右转。当心中生起善念，恶念不用压制便会自然消失。

当身语造作善业，便能自然地避免造作恶业。所以我们要断恶，还要行善，通过行持善法来有力地对治恶业。这就是第四对治力——行动对治力。

《金刚萨埵修法·如意宝珠》中的行动对治力首先是指念诵金刚萨埵心咒“嗡班匝尔萨埵吽”。

“嗡”是咒语的先导，有吉祥善妙之义。“班匝尔萨埵”是金刚萨埵的意思。“吽”是金刚萨埵的种子咒，为诸佛五种智慧之本体。《摄真如续》云："上师金刚萨埵心咒念诵一遍即是对自己的大护持，刹那获得殊胜悉地。"

仪轨中说，具足四对治力念此心咒四十万遍，则破根本誓言罪也能清净。

大家每天早上念诵皈依发心、观想、祈祷并忏前戒后之后，如果有条件，最好坚持在座上持诵心咒，如果没有条件，座间持诵也可以，但要尽量做到不散乱，念诵清晰、准确，不夹杂闲言碎语。

念修心咒时掺杂世间琐谈，称为不清净念诵，这种情况下，咒语的加持力会受到严重削弱。续部中说："净与不净差千倍，有无等持差十万。"莲师也说过："杂有绮语诵一年，不如禁语诵一月。"

除持诵金刚萨埵心咒外，座间还可以随缘行持其他善法，比如礼佛、放生、供灯、随喜、一切善根回向菩提等等。

藏地有句俗话"因地而倒，因地而起"，意思是说跌倒是因为地，站起来也是借助地。以前造作过恶业之处反过来能成为积累善根的地方。以前杀生，之后不杀生了，且还要放生护生；以前不与取，以后不偷盗了，且还要上供下施、诚实无欺……如此以十善业对治十恶业，反染为净，转恶成善，过去曾经造作恶业之处都转成善根，清净业障的同时积累功德。

◊6 回向：使善根永不枯竭

如何才能使善根不轻易损耗而是日日增盛、永不枯竭呢？对于普通人来说，回向是最好的办法。佛经中说：“水滴落入大海中，海未干涸其不尽，回向菩提善亦然，未获菩提其不尽。”

修法结束时，念诵回向偈，把行持善法的一切功德回向众生，愿众生所有的罪业都彻底清净，脱离痛苦，获得安乐。

吽

此善为主三世善，回向为利无边众，

愿诸一切能速得，金刚萨埵之果位。

之后，念吉祥偈：

嗡

诸现清净身庄严，诸声圆满密咒性，

诸念成熟智慧中，盛德圆满愿吉祥。

此吉祥偈甚深微妙，大家勤修忏悔，身心清净后，能慢慢体会其中奥义。

◊7　百字明：一切善逝的智慧精华

《金刚萨埵修法·如意宝珠》简单易行，法王如意宝在仪轨的末尾特别写道：学显宗、密宗及未灌顶者都可以修。有条件的人还可以进一步修金刚萨埵百字明。

《无垢忏悔续》云："百字明是一切善逝的智慧精华，能净除所有失戒与分别念的罪障，称为一切忏悔之王。一次性念诵一百零八遍，可酬补一切所失之戒，将从三恶趣中获得解脱。修行者若能发誓念诵，不但今生会被三世佛视为胜妙长子而加以救护，后世也将成为诸佛长子。"

获得百字明的传承之后，即可念诵此咒。咒语的大概意思如下：

嗡

善妙吉祥

班匝儿萨埵萨玛雅 嘛呢巴拉雅

金刚萨埵佛尊，请您以及您的身口意之甚深密誓恒时守护（我们）

班匝儿萨埵得诺巴 迪叉哲卓美巴瓦

金刚萨埵，请您安住于我并与我无二无别

色多哟美巴瓦

请以无漏大乐之味令我满足

色波哟美巴瓦

令我增长空乐无二之智慧

阿呢ra多美巴瓦

请慈悲我

萨儿瓦色德玛美抓雅匝

请立即赐予我殊胜及共同之一切成就

萨儿瓦嘎儿玛色匝美 则当西日央格热

令我行持一切事业时心地贤善

吽

金刚萨埵的种子咒，乃诸佛五种智慧之本体

哈哈哈哈吙

令我现前四种灌顶之智慧

巴嘎万 萨儿瓦达塔嘎达 班匝儿玛美门匝

祈请一切出有坏如来，以三金刚之智慧、方便与大悲，于双运中永不舍弃我

班则儿巴瓦

使我的身口意成为三金刚而成就佛果

玛哈萨玛雅萨埵啊

恒时不离超越三时之大时誓言大勇士（金刚萨埵），请令我成就一切如来于无生界中平等味之一体智慧

按照传统，念百字明时需有严密的观想，如果能在具足四对治力和观想的情况下念诵二十一遍百字明,则能控制罪业的增长。

前面我们讲到，每一种恶业都有四种果报，其中的一种果报就是造下一个恶业后，这个恶业有自我生长的能力，如果不通过忏悔加以对治，它便会时时刻刻不断地长大，而念诵二十一遍百字明则能够控制住它的增长。正是由于这个原因，造作恶业后应该尽快忏悔，时间拖得越长，恶业越不容易清净。

大家平时要经常反省自己的身口意，最好能养成随时忏悔的习惯，一发现自己造作了恶业，马上就忏悔。如法念诵二十一遍百字明能控制恶业的增长，而如果条件允许，最好一次性如法念诵一百零八遍百字明,这样的话,当时造下的恶业基本就能清净。

至于要从根本上清净无始以来的罪业，则需要如法念诵十万遍百字明。也就是说，在座上结合严密的观想并具足四对治力，如此念诵十万遍。

对初学者来说，这是很难做到的，但千万不要因此而不念百字明，或者想等到自己把所有世俗的事情忙完，真正空闲下来，

再好好打坐念百字明。

世俗的事是忙不完的，我们这一生的寿命却有限，所以即使现在做不到在座上边观想边念诵，或者不能同时具足四对治力，也要坚持念。座上念，下座后念，观想清楚念，观不清楚也念，以信心摄持念，以菩提心摄持念，在追悔之心中念，在断恶的决心中念，有一种对治力念，有两种对治力念，四对治力俱全念。

总之，只要有条件就念，念珠不离身，随时计数。久而久之，持咒之力自会纯熟。我认识的居士中，念了几十万遍百字明的不在少数，有的已经超过一百万遍。我由衷地赞叹随喜他们的功德！

忏悔，不是只跟宗教有关，每一个社会成员其实都应该有忏悔的意识。你可以换一个名词，不叫它忏悔，叫责任感或者问责，核心含义是一样的，就是对自己的言行思想负责。以前的所作所为带来的后果，自己要负责，实际上也只能由自己负责，迟早要报，所以如果还有可能，一定要努力弥补。而现在的人们似乎缺乏这种意识，以为造成伤害和损失后，可以若无其事地走开，没有惭愧，无所畏惧。这正是很多问题的根源。

人们常说：“人要学会爱自己。”然而，很多人所理解的“爱自己”只是增加对自己的执著罢了。在生命的每时每刻，对自己的言行思想负责，这在我理解是真正的自爱。这样的自爱能给人以自信。

小记：

末法时代，众生烦恼日盛，缺乏因果正见，造恶不怕罪深。罪业若不加以对治，必定成熟苦果，破坏今生来世的安乐。在所有对治、清净罪业的忏悔法门中，以金刚萨埵法门最为适合这个时代的众生。尤其对于发愿往生极乐世界的人来说，谤法罪、五无间罪是往生的大障碍，若已犯者，一定要修忏法清净罪业。

当年，大恩上师法王如意宝大力倡导金刚萨埵共修，依靠佛的愿力、密咒的加持力和共修之力，迅速清净业障。在《金刚萨埵修法·如意宝珠》中法王如意宝特别写到，若如法念诵金刚萨埵心咒四十万遍，来世决定往生极乐世界等自己所欲之净土。

我在这篇文章中根据自己浅陋的理解介绍了《金刚萨埵修法·如意宝珠》的一些要点，若有可取之处，愿以此善根供养上师，回向众生。文中错谬难免，在此也恳请上师及诸佛菩萨宽宥。我为自己能与如此殊胜的修法结缘而感到庆幸。

愿我们能对自己、对所在的社会、对一切众生承担起责任。愿众生恶业净除，得自在安乐！

希阿荣博于藏历水龙年十二月初二

第六章

微言博义

——堪布个人微博选编

只要内心还有贪嗔痴

苦就无所不在

顶礼本师释迦牟尼佛！

顶礼文殊师利菩萨摩诃萨！

顶礼大恩根本上师法王如意宝！

◊ 1　只要内心还有贪嗔痴，苦就无所不在

佛教鼓励体验当下，但这一教法常常被人误解，以为“活在当下”就是要更执著于自我和我所拥有的一切，这实在与佛法相去甚远。

轮回最基本的特征就是缺憾，所以问题的关键不在于你是优秀还是平庸，你遇到的是好人还是无情无义的坏蛋，你是得到还

是失去。只要内心还有贪嗔痴，就在轮回中，缺憾就不会消失。这无所不在的缺憾、不如意，佛教中又称为苦。

有人说：为什么要消除痛苦呢？痛苦和快乐一样，都是生活的组成部分，都值得去体验，不经历苦难的人生是不够丰厚的。

如果你能在日常生活的不幸和痛苦中自在无碍，似乎的确没有必要消除痛苦。

经历苦难的意义不在于经历本身，而在于它启发我们对生命的思考。佛陀初转法轮首先宣讲苦谛、集谛，正是引导我们去观察生命的苦难、缺憾，了解其表现和成因，从而生起信心和勇气去实践对生命更广、更深层面的探索，实现生命的升华。

◊2 当内心没有太多烦恼

我们所处的世界是我们内心的映射。我们的感受不离贪嗔痴，所以我们的世界叫娑婆世界，一个不离忧恼和缺憾的世界。感受，决定了我们处于怎样的世界中。

现在的人们知识丰富，头脑聪明，但常常缺少真正的善良。

聪明才智经常是用在破坏性的事物上，或者用于相互抵消劳动成果，所以大家都很辛苦地付出，而获得的福祉和进步却与付出不成比例。

倘若不能止息内在的负面情绪，我们与他人，与周遭环境的矛盾冲突，不会止息。所以，发现自己身陷矛盾和争斗中时，看看自己的心。

当嗔恨贪执等具伤害性的情绪生起时，立刻觉察到它并试着去放松那股情绪。再次生起，再觉察再远离。轮回并不抽象，没有这一次次的觉察和出离，所谓解脱轮回便易流于空谈。觉悟之路上我们会一再跌回旧的习气中饱受挫败，但不要失去耐心、慈悲和温柔。

当内心没有太多贪嗔痴执，充盈着感激温柔和慈悲，你对世界的觉知（不仅仅是观念）会改变。并不是说你一厢情愿地把事物想象成美好的样子,而是你所见到听到的,感官所获得的信息，真的不同了。

◊3　失去亲人不是你的错

这世上本没有长生不死长聚不散，所有人都会经历亲人离世的痛苦，所以不要沉浸在孤独中，要知道你的悲伤是众生共同的悲伤。对于逝者我们仍然可以给予关怀帮助，至诚为他念诵佛经、放生及做其他善事，把心打开去关心帮助别人，把善行带来的快乐和温暖全部献给逝者以及所有承受别离之苦的众生。

至亲的过早离世往往会让人陷入自责和怨恨中，有些人会带着这种自责怨恨长大，老去。对人对事苛求，愤世，故意不合作，不愿承担责任，不开心。无限遗憾痛惜，无从表达。你要跟自己和解，失去亲人不是你的错。遗憾还可以弥补。为他们超度、行善，帮助他们，并替他们关心照顾他们没来得及照顾的人，延续他们的关爱。

◊4　无常不是消极的

万花筒里的图案若坚实存在，则只能有一幅图案，不会有层出不穷的新花样。同理，一切事物若固有、恒常，那么任何变化都不可能发生，一切就是僵死的。正因为事物不是那样，才有了大千世界千姿百态。所以说，因无我而缘起。

无常粉碎了我们对安全感、确定性的幻想，当我们意识到自己脚下随时可能踩空时，便本能地想抓住什么，这就是执著的由来。而我们想抓住、想依靠的东西本质上却是抓不住、靠不住的，痛苦便由此产生。

《普贤上师言教》：世间财富是无常的，应依七圣财（信、戒、舍施、闻、惭、愧、智慧）；亲怨无常，当栖身寂静处坚固出离心；声名地位无常，当心怀谦卑，身居低位；言谈无常，当不辍念咒诵经；信心、出离心微弱易退，当精进修行以稳固誓言；思想看法无常，当具备贤善的人格。

万事万物都是以无常变化的形式存在的，实际上那是它们存在的唯一方式。我们也许并不知道，与事物真实状态的偏离，给我们带来了多少不必要的痛苦。观修无常使我们的认知逐步趋近事物的真实状态，并让我们有机会成为更有智慧和更快乐的人。

无常不是消极的。当你不仅在脑子里理解无常，更以眼耳鼻舌身意，在色声香味触法中体验无常，用心去感触，体会，确信，你会开始惜人，惜物，惜缘来缘去，努力使所爱的人活得幸福，宽容别人对自己的触犯，安住于当下，从心底惜生的美好和喜悦。这种惜不会令人沉溺、痛苦，因为它源于对无常的觉知。

人生没有假设，当下即是全部，而我们很难接受这一点，总是莫名其妙地感觉被亏待了，仿佛另有一个更合理更美好的人生还没来得及与自己重逢。我们无法随遇而安，难于当下一刻把心态转过来，心怀感激和清净的善意，然而人生只是一个个当下罢了，如果不能于当下心安，又能于何时何处心安呢？

◊5 因为执著，失去显得格外痛苦

事物总是相反相成变化不止，分合，得失，内外，生长与朽坏，唯其循环往复，方能生生不息。从较浅显的层面去理解，执著就是企图停止这种变化并抗拒事物的两面性。正如你想抓住呼吸，它就会停下来，这意味着你失去了呼吸，执著使我们以笨拙的方式表达着对人与事的珍惜，一再陷入僵局，强烈感觉到失去。

梦幻空花又一年。在这不肯醒的梦中，希望与恐惧，欢笑与忧愁，都在不舍昼夜地往你背后奔。一日一日。生活只是这样的擦肩而过啊，不可阻挡也无可挽留。佛陀教我们放下对这无常世间的常执，其实我们不想放下也在放下。这一生不就正在离我们而去吗。因为执著，失去显得格外痛苦。

我们喜欢贴标签，积极、消极、乐观、悲观，其实佛陀并没有教我们应该乐观还是应该悲观，他只是说要放下执著。欲望多不一定就是对生活积极乐观。而消极悲观不是因为放下了执著，相反，正是因为放不下。对某些人某些事，对自己的经历遭遇太在意了，更容易产生悲观厌世的情绪。

简言之，佛教所说的执著是指把随因缘生住变化的事物认作固有恒常、坚实存在；放下执著就是体认到世间的人、事、物非自有、绝对存在，由于这份体悟而旷达自在地为人处世。

放下执著不是一句空话。很多时候，肯吃亏才能学会放下。

有一点需要注意的是，随着时代的变迁，词汇的含义会发生改变。比如现在人们日常生活的语境中，“执著”有时候是指坚持不懈、决心坚定地去做一件事，这并不是佛教所说的“执著”。在佛教中，以欢喜心坚持不懈地行持善法，称为“精进”。

佛法教人以豁达务实的态度看人生，知道人这一辈子，沟沟坎坎是填不完的，快乐不是没有，转瞬即逝。多好的缘分，轻易也就散了。放下或不放下，一切都是转头成空。看到人生的这一面，心里才有天高地阔、山远水长。

看看周围，很多人都是满怀着对生活的热情筹划突然间离开这个世界的。你没有理由相信自己一定比这些人更幸运。藏族人常说：明天或来世谁先来到，我们并不清楚。如果死亡就是一切的终结，活着又是为了什么？如果吃喝享受，纠结辛劳，最后只为烟消云散，这样的人生想想都让人心酸失望，不是吗？

大多数人大多数时间都不得不为生存奔忙，如果有可能的话，周末时让自己不再围着衣食旋转吧，让身心在一本书、一段静坐、与友人的交谈、春寒里的散步中逗留，安静下来去了解自己或另一个人的思想和心灵，或者去做义工。即使在竞争压力很大的今天，生活除了奔波、冲刺，仍然可以有逗留和诗意。

···┆◊6 与其为结果大喜大悲，不如在前谨慎用心地取舍善恶

形成现象的各种内外部条件，主要条件称为因，辅助条件称为缘。因缘具足，现象产生，因缘缺乏现象就不会产生，因缘变化则现象变化，因缘消失则现象消失，这就是缘起，也可理解为因果。事物随缘生灭，因此没有绝对、独立、恒常的存在，也就是无我。因为缘起而无我，因无我而缘起。

随缘，首先要知道世间人事都在因缘聚散无常变化中，爱恨、顺逆、荣辱皆不会长久，无可执持。其次，苦乐齐受，悉从缘生。在前的态度行为影响塑造之后的生活际遇。与其为结果大喜大悲，不如在前谨慎用心地取舍善恶。随缘是一方面尽心竭力做事，为众生的福祉贡献一份力量；另一方面，得失从缘，心无增减。

想象一下，每天从早到晚，我们会有多少念头，多少身体的行为。由此类推，我们一生以及过往的生生世世，又会有多少身心的行为。这些行为，每一个，真真切切是每一个，都会产生相应的后果。后果又成为因，因又结果。因因果果交织成不同的生

命形态和生活际遇。

世事千变万化的背后循着因果律。有的因果关系显而易见，有的因与果之间则隔着广大的时间空间。譬如有的星光穿越千万光年才到达地球，而那颗星可能早已陨灭。当因果的间隔超过一般人的认知范围，人们便会认为没有因果。我们的身心行为不断在产生影响和结果。世事无常而因果不虚，故应断恶行善谨慎取舍。

人生在世，有能力有机会助人，应该感到庆幸。向善，行善，以清净的发心帮助其他众生，是需要足够的福报和智慧的。

富贵而不骄奢，处事有礼，资用有度，量身而衣，随分而食，这是在惜福培福。贫贱而能乐道，不因条件能力有限而怠于布施供养、行善利他，这也是培福惜福。无论境遇如何，都尽量生活简单朴素，慈和地待人接物，则外免横祸，内无病殃，能更好地感应到长寿佛的加持。

7　都是父母百般疼爱养大的孩子

站在熙攘的人群中，想想周围的人也和自己一样，都是父母百般疼爱养大的孩子，都带着家人的牵挂和希望在为幸福而努力。行走在汗水泪水故乡异乡之间，寻找着肯定与尊重。多想想自己与他人的共同之处，心里就不会那么孤独。自己趋避的正是他人趋避的，将心比心，很多事就好开解了。

人都有缺点，这与生活现状、成长背景、性格和整个时代氛围都有关系。在地位、财富、职业、性别等不同的背后，大家都是人，都渴望幸福，不想遭受痛苦，都希望被人友好对待，感受温暖。从这点出发与人交往，会让我们的生活少些冷漠压力和对峙。内心的这份宽容，对其他生命自然生起的这份亲切感是慈悲心的基础。

有情生命都有权利享受快乐，有权利免遭痛苦。不论是人类还是动物或者其他众生，都有生命的尊严。我们在尊重其他生命的时候，也是在体现自身的尊严。忽视生命的相连相通，很少考虑其他生命个体的感受，只在意自己的人，内心深处往往缺乏价值感，找不到自尊。

现在的人不善于建立、发展友谊，交往的圈子很小，除了同事、家人外，没有多少朋友，而实际上朋友之间相契相投，可以分担忧愁、分享快乐的这种关系，对我们的人生来说非常重要，也是其他很多关系的基础。

朋友交往，彼此间保持一个礼貌的距离，既不至于太远而显得冷淡，也不至于太近而失了必要的恭敬，友谊才更留得长久。一起学佛的道友，尤其金刚兄弟之间，更应注意这一点，不要高估了自己的接纳能力和应变能力。和而不同，是需要一定的空间来装下各自不同的性情、方式、观点的。

平等是承认并尊重多样性和共同性，而非简单地追求一致。智慧之道便是训练这种平等待人处事的能力。平时多观察人、物、事，各种现象，在欣赏其多样性的同时，发现他们的共同相通之处。随着这份洞察力和接纳能力的增强，我们对佛教中缘起、平等、无分别、慈悲、空等概念会有更深一步的理解。

做任何事，都须具足因缘才能做到。南瞻部洲善缘少，恶缘多，造恶容易，行善难。自利利他的机缘不多，且世事无常，因缘际会转眼消散，所以，一定要珍惜此善缘福德。

佛教的四摄教法就如何与人相处提供了宝贵的参考。

同事：与人共事要有团队合作的精神。

爱语：多沟通交流，表述意见时态度可以坚决，但言辞务必柔和真诚。

布施：慷慨助人。

利行：做事多为别人着想，考虑对方的利益。多数时候我们是通过自己的行为和日常的言谈应对，而非说教，来与人分享佛法的。

◊ 8　对人对事对生活都要有耐心

示他人以善意、关怀和尊重，尽管不是每次都能得到同等的回报，我们会遇到一些脾气比较坏、比较冷漠、比较固执、不善于表达的人，但没有关系，总的说来，我们的幸福感和满足感会更多，得到的关怀和尊重毫无疑问也会更多。别总盯着等号左边的加减乘除，右边的结果更能说明问题。

佛教的忍辱，简单地说，就是在困境、窘迫之境、危险之境，仍然保持内心的开放与柔和，对其他众生怀着善意。

忍辱就是要有耐心，对人对事对生活都有耐心。许多话，没有必要，但也得说。许多事，很厌烦，也得去做。疲惫的时候，接受疲惫。孤独、病痛、难堪的时候，接受它们，不去怨恨。怨恨是内心走向封闭和僵硬的征兆。

我们自己的内心越清净调柔，他人具有侵犯性的言行对我们造成的困扰和伤害就会越小，所以那些会激怒我们，让我们感觉受到伤害和干扰的“可恶”的人和事，就像一位严苛的老师，毫不留情地指出我们的问题。没有它们，我们往往很难意识到自己修行中的不足。

愤怒的时候不妨想想，一个人的恶言恶行不是凭空而来，背后必有社会家庭个人等诸多原因，要憎恶指责，更应该针对造成这恶劣言行的种种原因，而分析原因，仅个人性格、观念、教育背景等，就有无数的人和事参与其形成。如果我们足够理性和诚实,会发现要怪罪的人太多了,我们的愤怒找不到一个具体对象。

我们的生活像一张珠网，每一份经历乃至每一个心念，都是一颗明珠，映照所有其他明珠的影子。珠与珠，相互含摄，转辗辉映，重重无尽。当下的一言一行，起心动念，皆照着过往与将来，既是果又是因，所以要学习接受，更要学习谨慎地取舍因果。

很多事情都不可强求，自己尽了心就好。做事之前多加考虑，从善意出发也尽心尽力了，即使结果仍不尽如人意，这份善心依然会积累福报。

释迦牟尼佛时代，有个人来到佛陀跟前谩骂侮辱佛陀，等他说完后，佛陀问他：施主给的东西，若人不接受，那么它该归谁？那人说：当然还是归施主所有。佛陀道：“说得对，你的粗言秽语，我没有接受，所以还是你的。”面对攻击磨难，与其反击纠缠，不如学着不为所动，不受干扰影响，也就是不接受。另一方面，当知道造恶者自招祸患，所以要努力避免造恶业。

9 把养家糊口的工作也看成是自己积累福德的途径

大家工作都是或直接或间接地要为他人服务、效劳，所以为什么不把这份养家糊口的工作也看成是自己积累福德的途径呢？工作中多替别人解决问题，让人对生活有欢喜和希望，这是积德的事，利人利己。同样早出晚归地辛劳，却往往是在增添别人的挫折苦恼，让人怨恨，何必？

哪怕明明看到的是庸俗虚伪、是非颠倒，遇到恶意挑衅和欺侮，心里还是要记得一个道理：爱护自己最好的办法是对人对事豁达和宽容。我们的身体不仅因为细菌、病毒才生病和加速朽坏，更重要还有不健康的精神状态。悲伤、愤怒、忧虑在破坏内心安宁的同时也伤及内脏经脉，血肉之躯哪里经得起这样频繁的损伤？

单纯未尝不是好事，尤其在缺少规则的环境中。相信凡事都有因果，自己努力向善，诚实而为就好，不去担心、权衡结果。人生失落有时，保有有时，事事皆有时。

有人说："如果我不饮酒、不妄语……不做一些损人的事，就会失去工作、业务发展的很多机会。"其实不管在怎样的环境中，如果你坚持诚信、包容地对待别人，心地善良正直，别人就会愿意跟你交往，跟你合作。善缘慢慢地聚拢到你身边，恶缘远离，你的想法很顺利就能实现，不需要伤害自己，也不用损害他人。

人要能够看破眼前。一时一事的得失好坏放到整个人生中看，都显得渺小短暂。很多事情，当时觉得多么重大，而隔着时间空间回头看，就知道人生充满选择和可能性，不走这条路，可以走那条路。若心态和见地不改变，那么尽管过程不同，生命的品质，也就是你的幸福感、满足感、人生的修养和境界不会有大的不同。

每个人都是时代的塑造者和负荷者。关于一个时代的劫运，其实无须问别人，看看自己和周围人们的行为就能知道。共同的因缘，唯有大家一起在思想、行动上改正、净化，才能慢慢扭转。解铃还须系铃人。

10 遇到的每个人都可以是你的一亩田：慈悲心的力量

人人都希望过上幸福美好的生活，这本无可非议，但是在追求幸福的过程中，我们要考虑到给其他人，不仅是现在生活在这个地球上的人，还包括以后要生活在这个地球上的人，以及与我们共享这个世界的动物，留出足够的空间和可能性，去实现他们的幸福生活。

心里有慈悲，就会时刻不离布施。当你内心清净，自在喜乐，时时刻刻连吃饭走路都能影响、帮助到别人，让人感受到正面的信息，一种更宽广的人生境界。

很多人都有这样的经历：在佛像前，念经时，忆念上师三宝，或者生起真诚的慈悲心之时，会情不自禁地流泪。泪水由心里往外涌。法王如意宝以前常常说，忆念上师三宝的功德与恩德，以及众生的痛苦和无奈，发自内心地哪怕只流下一滴眼泪，也会清净往昔无数的恶业。这就是信心、慈悲心的力量。

通常慈悲心的训练从亲近的人开始，希望对方快乐，愿意分担对方的忧苦：我最大的愿望就是你安乐，我要为此而努力，尽管我还在学习中，有时会显得笨拙和力不从心。你若给我回馈，我很感激；若没有，我也要慢慢学会不恼怒，因为我的愿望是你安乐。在你追求幸福自由的路上，有机会为你做点什么，我很高兴。

分享爱和喜悦，探索外部世界和内在精神世界，这是人类进步的主要推动力。就个人而言，没有关爱和求知，我们无法长大。关爱和求知，在较深刻的层面上即是佛教所说的慈悲和智慧。看来追求慈悲和智慧不只是佛教徒的功课，而是所有人都向往并正在做的事。

我们可以有意识地让自己的目光柔和起来，学着用柔和的目光看人看物看风景看世界。很奇妙的，目光的小小改变，能让整个人从精神到身体立刻放松下来。随时随地可行的减压方法。久而久之，人的气质都会变得温润清和。

人生不是一场较量，那样的锋利、紧张和抗拒是不必要的。学会欣赏美好，怡然自乐，多好啊！

遇到的每个人都可以是你的一亩田，你以慈悲播种，收获的是安乐。

11　施者比受者有福

有人问我："遇到乞丐，想布施又怕被骗，这时该怎么办呢？"

我说，面对乞丐，不要急于表达厌恶或不信任。生活若真的优裕，没人愿意低三下四出来乞讨。就算被骗被利用吧，至少不会给自他造成妨害。再说人生何处不受骗，又何必要跟一个笑脸相向，比你弱势的人较量。其实当我们在伸过来的空手中放下钱物，我们所做的不是布施就是供养，不用担心会有第三种情况。

布施是突破自我局限性的有效方法。布施不仅使受者免受匮乏之苦，也让施者从中收获了喜悦和自尊。布施有很多种，捐款捐物去帮助受灾的人、贫穷的人和其他处境不利的人，资助那些上不起学的孩子，让他们有机会受教育……不要觉得非得有多大的财力才能去布施，关键不在财物多少，而在发心是否真诚。

我们不仅可以捐助财物，还可以贡献时间和精力去帮助有需要的人，比如做义工，照顾伤者、病人、孤寡老人，帮助孤儿、残疾人、流浪者、被人遗弃的小动物，等等。这个世界的问题不仅是贫穷和饥饿，还有孤独和冷漠。

佛教中有法布施，即为人讲解佛法使人受益。从更广泛的意义上理解法布施，凡是符合四法印的思想都可纳入佛教思想的范畴，凡是弃恶扬善的行为都是佛教倡导的行为，所以劝人行善，在别人困难时给予安慰鼓励，帮助他们树立积极的价值观人生观，从而成为更有爱心和责任感、人格更完善的人，这也都是法布施。

布施让我们学会放松，不再把一切都紧紧抓在手中，也不再只关注自己。我们惊奇地发现，原来给予是会让人感到丰足而不是贫乏的。

外布施的同时，我们也在内布施，即把心中的烦恼慢慢舍掉。通过施舍财物，帮助其他生命，分担痛苦压力，分享安全和喜悦，我们内心的贪、嗔、痴、慢、疑越来越少。施者比受者有福，这话是有道理的。

布施的目的是学习放下对自我的执著，从而更好地帮助别人，所以布施的发心很重要，如果是为了作秀或者竞争，那么布施反而是强化了对自我的执著，并且施者从中得到的快乐和自尊也会极其有限。

12　莫把全副身心都用在经营生计上了

佛教讲暇满难得。人生于世难得可贵，莫把全副身心都用在经营生计上了，应有闲暇、从容，去观察思考生命，体会实践心灵自由之道。人生未来的岁月，请不要让它只有岁月，没有暇满。

乐观、知足是现代人很需要去培养的心态，否则面对竞争的压力、各种各样的选择和诱惑，生活很容易便会失去平衡并笼罩在焦虑的阴影中。调整心态从来不是件容易的事，但为了自己和其他人的幸福，我们应该努力去做。

亲密的人之间总有太多执著，心里会有许多期望和要求，要求对方完全理解、符合自己的心意，不然便感觉失落愤怒。在无始无涯的轮回中，这一世亲人的相聚犹如空气中飞舞的尘埃偶尔相触，转眼就是分离。其后各自循业流转，相见无期。多少恨多少纠结，终归于两两相忘。不如宽容相待，珍惜尊重吧。

衰老在所难免，但我们可以让它不成为一种困扰。如果过于注重外表和物质，疏于内心和精神修养，的确很容易因衰老而感到挫败不堪。岁月能轻易带走青春容颜，物质在衰老面前也帮不上太大的忙，而内心的沉静、温和、调柔、慈悲会留下来，并随着年龄的增长越来越外现为一种令人感到愉快亲切的优雅气度。

一棵树，根深才能叶茂，才能为人们提供庇护荫凉。知识的根本是智慧，有智慧，知识的增长才能使生命丰美，并给他人带来切实的帮助和利益。若伤掉根本，单纯的知识积累很难说能在多大程度上为个体生命提供滋养，或为众生福利做出贡献。我们平时是否会更重视获取知识技能，而忽视涵养智慧呢？

在这个时代，要自始至终做一个善良正直的人很难，有太多的诱惑，太多似是而非的理由，让我们怀疑坚持心中的良善是否真有意义。然而不管怎样，还是要善良。至少善良使我们坚强，面对生活的挫折磨难，才不会轻易失掉内心的安宁。

◊ 13　守住内心的善良

自律不是压抑情感，不是遵循强制的规定，也不是要做出一副道德楷模的样子给人看。自律的动机是考虑他人的感受，是不想因为自己的不当行为给他人带来伤害，让他人痛苦。

有人说：讲到自律，那要不要去制止恶的发生呢？一味的自律不是纵容了恶吗？

佛教的自律是指为了不制造伤害而自觉地远离身口意的恶劣行为。对神智正常的人来说，言行主要受思想意识控制，所以远离意的恶业，身口业自然就会清净。意的恶业概括为贪嗔痴。时刻提醒自己对治贪嗔痴，可以有效制止自己身心上恶的发生。

就外境的恶或者说他人的恶行而言，要看具体情况，不能一概而论。在你看来是恶劣的行径，在别人眼里不一定就恶劣。在正常情况下被认为恶劣的言行，在某种特定情境中可能就不恶劣。在一个社会、一个时代、一群人中被认为是恶的，可能在另一个社会、另一个时代、另一群人中就不是恶的了。

如果全凭自己的情绪和成见，凡是自己看不顺眼的、与自己的价值观不一致的，就认为是恶，应该予以制止，这是不合理的。自律“律”的正是这种“一切以我为标准”的心态。

其次，为了避免造成伤害而制止他人的恶行，与对治自己的贪嗔痴一点儿也不矛盾。我们不是非要借助贪嗔痴才能去阻止别人造恶。

比如我们小时候做坏事会被父母喝止，父母的呵斥是出于爱护而非出于嗔恨之心；法官不必对疑犯满怀仇恨、怒发冲冠，才能公正严明地判案。有些人脾气率直，路见不平便大吼一声出手相助，这种英雄好汉的形象可谓深入人心，但是我们不能因此就简单化地得出结论，说意气用事、敢对人拳脚相加，恶语相向，才是有正义感的表现，而冷静克制一点的，就没良心、没骨气。

自律主要关乎个人修养。越是在文明、法治的社会中，自律与惩恶扬善越不矛盾。

◊ 14　我们没有辜负这一场母子的缘分

我小时候出奇的调皮，给母亲带来不少麻烦，我常为此感到内疚。有时我又想，母亲虽然一辈子坎坷贫穷，受尽家庭儿女之累，但从来没有动摇过对三宝的信心，并且在晚年出家专心修行，我为自己能照顾母亲暮年的生活，并为她的修行提供助缘而感到欣慰。我们没有辜负这一场母子的缘分。

我想请母亲到大城市治病，她怎么也不愿意，说自己八十岁了，一生就像一天那么快地过去了，她要努力修行，没有时间可以浪费。阿妈很精进，每天天不亮就起床做功课，经行，礼拜，持咒，直到深夜。她也不放过任何一个行善助人积累福报的机会。

虔诚的信仰和持续一生的修行使人在老年依然内心充实、积极、坦然。

◊ 15　应该像对待现在的母亲一样对待众生

我二十一岁初到五明佛学院，靠法王如意宝的慷慨接济才得以常住喇荣，在自己搭建的仅可容身的土坯房里，度过了六年快乐的求学时光。后来屋子破损严重，只好去上师道友家轮流借住，如此五年。一九九五年终于有能力修建起这间小木屋，有足够地方摆放经书了！十七年过去，这里依然是我温暖的家。

法王如意宝是公认藏传佛教最伟大的上师、学者和大成就者之一，是世界上最大的佛学院喇荣五明佛学院的创立者。他倾尽全力培养僧才，接续传承，整理经续论典，使显密教法得以在雪域以及全世界再弘。法王如意宝对末法时期众生的恩德，说不尽！

上师与弟子之间关键的是心灵相契。无伪的信心可以穿越时间空间，而成就者的加持原本就无所不在。

如果我们有佛菩萨的智慧洞见，就会看到今生今世与上师的相逢，是我们在轮回中最圆满、最温馨的经历。

对上师的信心支持我走过最困顿疲惫的时光。我不断忆念、体会早年有幸长期在上师身边学习时获得的宝贵教导。修行上的任何一点进步，智慧和悲心的任何一分增长，弘法过程中的任何进展，都让我深深感受到上师的慈悲加持。我只遗憾现在留存下来的上师影像不多，如果能让后人看到上师更多的音容笑貌该多好！

在法王如意宝为救度有情而慈悲应化的无数次转世中，他示现了各种不同形象。对此，他很少宣说，只有提到上师功德时，他才偶尔透露自己前世的情况。通过法王如意宝的回忆，我们知道，每一段清净无染的师徒传承都源于殊胜无比的累世因缘。

对上师的无尽感激总是伴随着对众生的无限悲悯。佛陀说，众生在往昔都曾做过我们的母亲，所以应该像对待现在的母亲一样对待众生，包括这一世看似与我们没有关系，甚至与我们为仇为敌的众生，考虑他们的感受和福祉。

顶礼、供养、皈依普贤菩萨！“清净一切善业力，摧灭一切烦恼力，降伏一切诸魔力，圆满普贤诸行力”。法王如意宝当年在印度朝圣，转绕金刚座时再再念诵的就是这四句偈。

“不动己心,不乱他心”。这是法王如意宝在世最后的教言。此教言涵盖世间出世间、做人学佛的一切道理，甚深微妙，是上师赐予我们的殊胜诀窍。若能时刻牢记，依教奉行，修行必定增上。深深感恩无等上师法王如意宝的慈悲摄受！愿生生世世不离师！

◊ 16 每个人都或远或近是另一个人生命的一部分

身处信息、知识爆炸的时代，有时候应该停下来想一想，我们真正需要的是什么。我们拥有很多知识，信息灵通，但这些是被用来拓宽眼界心胸，增进沟通与和解了，还是使我们更加封闭、混乱和极端了？

持续的修行使你安静而敏锐，不仅更能欣赏一个人的好，也更能觉察他身上的局限性，并因此悲悯疼惜，你知道他因局限而烦恼受苦，不自知不自主。每个人都或远或近是另一个人生命的一部分，他的局限也是你的局限，他的苦也存在于你的生命中，而你的清净会给他带来清凉，你的精进修行也指向他的幸福、自由。

修行中坚定的信心来自于对自己的了解。尽量清晰地了知自己的言语、举动、感受、情绪、心念的生灭变化，在这看似简单和无所作为的觉察中，你慢慢真正了解到苦、无常、无我、放下这些词语的所指，也逐渐体会到安住的要领。不要让概念代替亲身的经验。

学习基础的戒律、四法印、三殊胜、往生四因等基本教法是必要的。我们必须从这里开始。完全不闻思而直接修行，犹如出发而没有方向。反之，只是单纯地学习理论，喜欢在概念文字上打转，没有身心中的求证，对法义的理解也很难深入。很多时候闻思中遇到障碍，不是因为你不够聪明，而是因为你没有实修。

作为初学者，我们通过训练内心，守持戒律、有意识地规范净化自己的言行,才能逐渐发现自由或自然的真正含义。所谓“自然地修行”，并非对所有人都有效。相对森林里自然生长的树木来说，用树做成木材搭建的木屋不是那么自然，但你住在木屋里应该比住树上更自在、安全。

佛教的戒律可概括为：不伤害众生；在此基础上，如果有条件，尽量帮助、惠益众生。这种对生命的尊重和关爱，使我们与周围的人、与自然保持和谐，并使我们能够转生活中所有的境遇为修行的助缘。

…┆◊ 17　把学佛看成是向健康生活方式的转变

在家人学佛修行，要坚定对三宝的信心，不令退失；守持居士戒；勤于布施，离悭垢心；思维法义，对苦集灭道圣谛如实了知。此为信、戒、施、慧具足。在家学佛，可把这作为入手之处，着力之处。

居士五戒：杀、盗、淫、妄、酒，不是一经皈依便自动默认或强制受持的，但作为在家学佛人，若什么戒都不守，那也很难有真实的进步。各人可根据自己的情况和能力，选择受持居士戒中的一条、多条或全部。把持戒看成是向健康生活方式的转变，很多事做起来就轻松多了。

不分别，不是说你需要如聋如盲。学佛不是要让你的洞察力和行动力越来越弱，相反佛法的闻思修使你能更敏锐深刻地看到问题，只是你不再像以前那样轻易就随之陷入憎恶愤怒怀疑失望爱贪等狭隘极端而肤浅的情绪中。你的视角更宽广了，所以更能理解、宽容、悲悯。

不存心伤人害物，正直，替别人着想……不具备不培养这些基本的良善品质，学佛就没有基础。但仅有这些还不够，在贤善人格的基础上生起出离心，努力超越在贪嗔痴慢疑的心念中无尽流转的生命状态，才是入解脱道。在此基础上生起关怀济度一切众生的菩提心，是为大乘。

我们学佛就是学习改变自己无始以来最为习惯的那些思想和行为模式。为什么要改变呢？因为正是这些想法和行为使我们困于轮回，持续感受苦恼。若没有佛陀开示，我们颠倒轮转而不自知，苦而不明白其原因。

如果不是佛陀通过他累世的修行探索，最终觉悟了生命的真相，并且慈悲地把他获得的知识和经验与我们分享，恐怕我们到现在还在盲目地摸索，不知道自己是谁，也不知道自己究竟是为什么来到这个世界，又要往哪里去。

◊ 18 每一朵花都包含着整个春天

佛陀不鼓励大家盲目相信他说的话，而是要通过思考和实践去验证。要把佛陀的教言、世间约定俗成的经验和知识体系，以及自己的经验结合起来，去了解人，了解现象。佛教鼓励的怀疑精神是一种求知精神，而不是出于偏见和情绪，断言什么都不可信。其实，什么都不信并不代表客观、清醒。

譬如天空，有无云遮眼，它都在那里。自性亦如是，你见与不见，它都在那里。不增不减，不垢不净。自性不动，见有迟疾。这个见是证悟，不仅仅是在智力层面上理解。初学佛者或不学佛者不要略知一二，就侈谈无作无修，以为随心所欲、放任自流才是最高明的学佛。自性的确不是修来的，但见性也不由放任而来。

春暖花开，每一朵花里都包含着整个春天。当你真正感受到这一点，近看一朵小花，感受到整个春天，你会有所体会，大是如何在小里，无形无穷是如何在有形当下，境物是如何在心里的。

目空一切不等于见到空性。清净的心，远离贪嗔痴慢疑，比较容易看到世界的真相。

◊ 19　逢苦不忧

曾有人说，总有做不完的工作、家事，每天还要和孩子斗智斗勇。很想修，总苦于时间不够用。

在家人要工作，要照顾家庭，的确没有太多的修行时间，所以更应该珍惜，每天再忙，也要安排一定的时间修行，尽量争取多的时间修行。

在日常的工作生活中，我们也可以随时随地修习出离心、菩提心和空性智慧。比如在工作中和同事发生冲突，你可以修忍辱、修慈悲心；如果你的孩子把家里搞得一团糟，你可以修空性，告诉自己眼前的一切都如梦如幻；照顾父母，引导父母学佛，这是报答父母恩德，也能为自己积累福报资粮；戒杀茹素，护生放生，这些不需要占用很多时间，却是非常殊胜的法门。

不要动摇自己修行的决心，也不要扰乱他人的心。继续你自己的闻思修行，让周围的人通过你的身心变化逐渐对佛法生起信心，在自己力所能及的范围内给朋友们讲讲佛法的道理。凡事都有因缘，度化众生也需要观察众生的根基和因缘。作为初学者，最重要的就是自己静下来精进修行。

经云：逢苦不忧。修行者对因果和缘起有着坚定的信解，面对生活的不幸和苦难，能化解的便积极去化解，须承受的则甘心承受。以忏前戒后的心行，怀着隐忍和慈悲，去了结往昔恶性的因果，引生良性的因果。所谓旷达就是视野宽广，了达事物在广阔的时空跨度里发展变化的情况和规律，从而随缘因势，因势利导。

◊ 20 “搔痒令人快乐，摆脱瘙痒更快乐；满足欲求令人快乐，摆脱欲求更快乐。”

作为初学者，不要等到心完全安静下来再去念佛，那样的话，你很难有机会开始念佛。相反，你应该通过念佛使心安静下来。心越乱的时候越要果断地提起佛号，把散乱的心往回收。念佛时发现自己杂念纷飞，是因为此时你的心比平时安静，才会察觉到念头杂乱。不用去管杂念，坚持念佛，久之会有成效。持咒亦然。

刚开始学佛修行的人往往以为凡事都有窍门，总想找个机巧的法子，其实最大的机巧就是坚持、串习。一件事，做十遍不成功，就做一百遍一千遍。反复坚持做下去，熟能生巧。哪怕每天只做半小时的功课,坚持几年做下来,你看你的心胸气度怎么变。

修行是一个渐进漫长的过程。你不能期望一蹴而就。多么重大的变化也都是从当下、小小的改变开始的。学佛要有耐心，尤其是初学者，不要把期望值定得太高，那样很容易失望，退失道心；也不要急于求成，那样会很危险，而且难有实质的效果。

愤世和媚俗都容易得到支持认可，既不随波逐流也不愤世嫉俗，则需要勇气面对孤独，并且当别人把你的谦卑看作庸碌，宽容看作愚蠢,正念看作乖僻时,你仍然谦卑而专注地做事、学习，尽心帮助所有来到你面前需要帮助的众生，时刻不忘修行，仿佛没有修行。我们自称修行者，但是否能做到这样?

修行从何处入手?身、口、意。善护身业，不失律仪；善护口业，不举他过；善护意业，清净无染。初学者应从较粗大、易察觉把握的身体行为和语言开始，通过持续、清醒的觉察规范自己的言行。之后随着修行层次的提高，越来越关注心。此时才知道果然是不用操心外在，真正的改变在内心。

通过外在欲求获得的快乐，如同搔痒得到的快感；内心寂静调柔生起的快乐，如同治好瘙痒病后的快乐。龙树菩萨曾说 :“搔痒令人快乐，摆脱瘙痒更快乐 ; 满足欲求令人快乐，摆脱欲求更快乐。”

真正的修行人，他的寂静调柔，可以感动人心，令人对佛法生起信心。虽说是个浮躁的年代，人们在内心深处仍然保留着对宁静淡泊的敬重和向往。在一个浮躁的年代，也唯有寂静调柔的心才让人真正地信服。

◊ 21 佛门有教无类，有求必应

我们究竟是从佛那里找寻到内心的力量，还是在寻求庇佑，诉求各自的欲望?

佛门有教无类，有求必应。众生根器不同，所以佛陀相应地开示不同法门，善巧方便地引导众生走向解脱。众生的愿望诉求各不相同，但都可以在佛法中找到适合自己的方法。

佛陀教法可分为三乘 : 人天乘，引导众生断恶行善，由此得以在人间天界享受安乐 ; 声缘乘（小乘），引导众生发出离心，断除烦恼，解脱轮回 ; 菩萨乘（大乘），引导众生发菩提心，上求正等正觉，下度一切有情。

大乘以小乘为基础，小乘以人天乘为基础。由于人天乘不包括解脱轮回的教法，所以人天乘只能使众生得到暂时的安乐，而不能彻底摆脱烦恼，结束轮回痛苦。

小乘极果为声缘罗汉，他们虽然尽除烦恼障，个体得以解脱轮回，但因为所知障没有完全清除，习气仍在，对法界本性的认识没有达到圆满，所以还不能算完全意义上的涅槃。

只有大乘能引导众生获得圆满觉悟，实现真正的自由安乐。佛陀在《妙法莲华经》里讲到小乘罗汉最终将出定修学大乘，如江河汇入海洋。声缘乘、菩萨乘都将究竟成佛，所以佛法在究竟上只有一乘，即佛乘。

不论你现在是求人天福报还是求个人解脱，在暂时的目标、心愿达成之后，你的学佛之旅不会就此停止。你的心行会转变，或漫长，或相对短暂，但最终都将归入成佛的大愿大行。从修持上来说，你会从关注外在慢慢转向关注内心。修行的层次越高，就越关注心。

尽管我们还没有像佛陀那样彻底觉悟，但仍然可以帮助父母、家人了解解脱之道，尽己所能为他们的修行创造助缘。

◊ 22　学佛是要真做工夫的

学佛之人不要迷信“神通”。真正的大神通是调伏自相续的烦恼，圆满具足菩提心，以佛法帮助众生。

对大多数人而言，无始以来形成的烦恼习性不是随便想想就能扭转、止息的。真正学佛是要真做工夫的，从最琐碎、平实处一路埋头做下去。不是一年两年，而是几年几十年，不松懈不放弃。如掷石入深潭，一沉到底。

贤善的人格是学佛的基础。不管是不是能够理解深奥的佛法，此时此刻，要做一个好人。善良，正直，有同情心，愿意帮助其他众生。

无论是闻思还是修行中，保持好奇心，总想知道“然后是什么”，有助于对治过分内收导致的紧张和疲倦。好奇心给修行带来一股活泼轻快的气息。像一个学习中的婴孩，很认真也很放松，对遇到的每一件事物、每一种状况感兴趣，热情专注地去了解、体会，却不急于求成，不介意失败和重复。

佛陀不仅指出所有众生都可以觉悟，而且耐心地教导我们如何消除迷惑。他告诉我们道理，又教我们如何去检验、印证那些道理。他针对人们不同的习气、偏好、特点，以不同的方式开示真理，激发灵感，鼓舞信心。

出世是指解脱烦恼，超越生死，而不是单纯从社会中抽离出去。大乘的入世是指改造、成就此世间，令诸有情所求皆得，而并非如一般人所想，是在五欲尘劳中随波逐流。学佛者先要有出世的心，真觉得这世间的五光十色不值得贪恋，才谈得上入世，以清净心去成人之美、成就世间。这也是修行的功夫和次第所在。

检验自己的修行是否有成效，主要看自己对三宝的信心，对众生的悲心，对因果的正知正见是否增上。从前我上学时，上师如是教我。在此与各位共勉！

◊ 23　逐渐发现自由的真正含义

“只想开悟不想学佛”的人不少。只求佛的智慧，不学佛的行愿。智悲本是一体，哪有舍此取彼的道理？佛法的智慧超情离见，不是我们一般人满心傲慢和成见随便读几句经文，看几则公案就能揣度。想开智慧先调柔相续，远离恶业，对治烦恼。普贤行愿一一随学，渐渐能心得开解，否则仅凭世间聪明，徒增邪见。

佛法大海，信为能入，智为能度。信什么？信轮回是苦，涅槃安乐。信身世无常，幻缘虚假。信因果不虚，持戒修福。信身佛一体，心佛无二。信自性清净，能生万法。修行者无信心，不得门而入。

前辈大德所说“不悟本心，学法无益”是为针砭但求知解、不重行证的流弊，并不是说要摒弃教理。一般人修法大致都要经历三个阶段：先明了义理，然后求行解相应，再至证悟，不可稍有知解便以为证悟了。

认为随心所欲、根本不需要约束自己、不用放弃任何享受和俗世的追求，就能领受佛陀教法的真谛，这是对佛法修行的误解。经云：众生业力不可思议，众生善根不可思议。我们当深信因果，忏悔业障，同时对自己的善根生大信心，精勤思维修习佛法，不令空过每一个当下。觉悟始于当下。

闻思佛法是为实修做准备，有助于澄清见解，遣除实修中的违缘。若能广泛闻思当然好，若没有条件或能力，则应选择一种适合自己的法门，了解基本的修持方法后，一门深入，扎扎实实去修。佛法是要拿到身心上去验证的。

每当我感到忧虑、压力的时候，普贤菩萨高尚的誓言总能给我帮助。他说："乃至虚空世界尽，众生及业烦恼尽，如是一切无尽时，我愿究竟恒无尽。"想到自己的誓愿，想到生活的目标，眼前便开朗了。怎样大的困境都是可以跨过去的。

格萨尔古老唐卡《赛马称王》

扎西持林格萨尔文化传承与保护示范基地珍藏

ཡི་གེ་ཉི་ཤུ་རྩ་དྲུག་པ་འདི་དཔེ་ཆའི་ནང་དུ་བཞག་ན་དཔེ་ཆ་དེ་ཅི་འདྲར་
བགོམས་ཀྱང་ཉེས་པ་མི་འབྱུང་བར་འཇམ་དཔལ་རྩ་རྒྱུད་ལས་གསུངས་སོ།།

此咒轮可消除一切众生无意中踩、迈、摔、打佛像、经咒、唐卡等罪业。